Menudas Quijostorias

Nieves Concostrina

MENUDAS QUIJOSTORIAS

Así era la España de Cervantes

la esfera de los libros

Primera edición: noviembre de 2016

Avenida de Alfonso XIII, 1, bajos
28002 Madrid
Tel.: 91 296 02 00
www.esferalibros.com

Imágenes de interior: Getty Images y Photoaisa
ISBN: 978-84-9060-848-7
Depósito legal: M. 33.403-2016
Composición: Creative XML, S. L.
Impresión: Cofás
Encuadernación: De Diego
Impreso en España-*Printed in Spain*

Índice

A Jesús Pozo, porque lo ha vuelto a hacer…

Prefacio

A punto de que toque a su fin este año bisiesto de 2016, cuando ya no queda casi nada más que decir sobre Miguel de Cervantes, me he dado un paseo por la misma España por la que transitó el escritor y por la que peregrinó su hidalgo. Un paseo ligerito en el que he husmeado por las ventas, las mancebías, los conventos, las galeras, los palacios, las boticas, las alcobas, las criptas, las cárceles, las cocinas… Un paseo en el que me he cruzado con ricos, pobres, monjas, moriscos, frailes, putas, barberos, cuadrilleros, médicos, ladrones, burócratas, bachilleres… Un paseo por esos dos siglos en los que habitó Cervantes y que compartió con un emperador, dos reyes y catorce papas durante uno de los periodos más ajetreados y apasionantes de la historia de España.

Quede claro, pues, que este no es un libro sobre Cervantes. Tampoco un libro sobre *El Quijote*. No es un libro de historia, ni mucho menos un libro sobre el Siglo de Oro ni la España moderna. Solo es un viaje entretenido por aquel país y aquellos tipos que inspiraron a Cervantes para escribir la obra cumbre de la literatura universal.

Un escritor entre dos siglos, tres reyes y catorce papas

Qué país... qué continente... qué mundo más intenso le tocó vivir a Cervantes.

La España en la que aterrizó el niño Miguelito en septiembre de 1547 estaba siendo gobernada desde hacía treinta años por el rey Carlos I... aunque, para ser exactos, mejor insistir en que la Europa a la que llegó este crío estaba dirigida por el emperador Carlos V. Es igual, pero no es lo mismo.

Sin embargo, y ya puestos a afinar del todo, sería más correcto decir que el mundo al que llegó Miguelito era en gran medida propiedad española. El sol, ya se sabe, siempre estaba presente en algún latifundio hispano. Porque Miguel de Cervantes no pudo elegir siglo más triunfante en el que nacer. Como escribió el poeta Francisco Escudero en 1865, ese al que todo el mundo cita pero casi nadie menciona...

¡Soberbia edad, que ostentas por blasones
a San Quintín y a Otumba y a Lepanto!
¡Que de Lasos, Herreras y Leones
oye vibrar el armonioso canto!
¡Inmenso siglo... siglo de gigantes...
que abrió Colón y que cerró Cervantes!

Vamos por partes para comprobar que el poeta tenía razón al rematar con esos dos versos su famoso soneto.

En 1547, el año en el que nació Miguelito, pasó de todo, aunque solo la amplitud de miras que facilitan los casi cinco siglos transcurridos permita considerarlo así al ponerlo todo junto: murieron el «decapitador» inglés Enrique VIII y el finolis francés Francisco I, mientras el Concilio de Trento —aunque aquel año estaba en parada técnica— tenía a cardenales y obispos histéricos perdidos intentando inventar fórmulas para contrarrestar la Reforma de Lutero, ese tipo que le hizo un monumental estropicio a Roma y que, pese a haber muerto el año anterior, dejó a su feligresía una serie de instrucciones que han seguido cumpliéndose hasta hoy. Corregidas y ampliadas, incluso.

El rey Carlos I de España y V del Sacro Imperio Romano Germánico, como mandaba tanto y en tantos sitios, tuvo que bregar con todos y en todas partes. Manejaba a los otomanos con la mano derecha, intentaba frenar la expansión de los luteranos con la izquierda, se permitió darles a los papas alguna que otra colleja para recordarles quién mandaba en el mundo cristiano y no se privó de hacerle una pedorreta a Francia y otra a Inglaterra cuando vio morir a los dos reyes que quisieron verle muerto a él.

Quizás porque se aburría una vez enterrados sus dos grandes enemigos, Francisco I y Enrique VIII, y seguramente harto de llevar batallando contra papas, reyes, protestantes y otomanos desde los diecisiete años, el rey y emperador Carlos abdicó en 1556, cuando el niño Miguelito aún no había cumplido los nueve.

Le pasó la corona a su hijo Felipe, de apellido Segundo, y el imperio se lo transfirió a su hermano Fernando de Habsburgo, hecho lo cual se largó a vivir al convento jerónimo de Cuacos de Yuste, en la comarca cacereña de La Vera, para sobrellevar sus decenas de enfermedades, comer a dos carrillos, beber cerveza y no pegar sello. Sus entretenimientos fueron rezar, acumular relojes, oír misa, destripar relojes, rezar más, dar cuerda a los relojes, oír misa otra vez, ajustar relojes, volver a rezar, sincronizar relojes, oír misa de nuevo... y blasfemar porque no conseguía que todos los relojes de su colección dieran la hora a la vez.

Se le atribuye un lamento: «Ha sido posible unir bajo mi dominio a diez pueblos con distintas lenguas y culturas; y a estos relojes que les doy cuerda todos los días, no puedo hacerles tocar a todos a la misma hora». ¡Leches!, le faltó decir...

Seguramente jamás pronunció esas palabras, pero la anterior cita bien puede ser un resumen de lo que, según otras fuentes, en verdad sucedió. Cuentan que un día se mostró especialmente cabreado ante su confesor cuando dijo: «No sé qué voy a hacer para que marchen al segundo. Nunca me hubiese figurado que fuera tan difícil llevar los relojes con exacta precisión». A lo que el cura, que puede que no entendiera de artilugios mecánicos pero sí de cómo funciona el complejo género humano, le replicó: «Si por ningún medio consigue Vuestra Majestad poner de acuerdo unos pocos relojes, ¿cómo se queja de que tantos millones de hombres como componen su imperio no vayan nunca de completo acuerdo?».

Mientras el exemperador y antiguo rey se desesperaba con sus relojes, Felipe II comenzaba a cogerle el tranquillo al reinado. Cierto es que llegó aprendido y con buena nota, y cuando se acopló en el trono ya había tenido tiempo de casarse con su prima hermana María Manuela en 1543, tener al perturbado heredero Carlos y enviudar en 1545 (con solo cuatro días de diferencia entre la llegada de uno y la marcha de la otra), y volver a casarse en 1554 con toda una reina titular, circunstancia que le permitió comenzar a reinar en Inglaterra dos años antes que en España. Solo en calidad de consorte, vale, pero rey al fin y al cabo.

Esta boda inglesa fue de lo más extravagante. No le apetecía nada aquel segundo matrimonio. Lógico. A casi nadie le gusta casarse con su tía; mucho menos si encima es tía segunda. Y eso era la reina de Inglaterra María I, tía segunda de Felipe, y, a partir de julio de 1554, también su esposa. Para quien no la tenga bien situada, María I fue aquella a la que apodaron la Sanguinaria porque le pilló el gustillo a quemar anglicanos. Eso sí, gracias a eso alguien tuvo la genial idea de crear en su honor el cóctel *bloody mary*.

Por no dejar de decirlo y por si alguien se pierde con los parentescos, aquí van algunos antecedentes más para perderse del todo: Enrique VIII era el padre de la novia y exmarido de Catalina de Aragón, que era madre de la susodicha y también tía del emperador Carlos V, por lo que además se convirtió en su consuegra. Y Carlos V era a su vez primo hermano de la reina María I, que acabó siendo también su nuera, si bien unos años antes estuvo previsto que fuera su esposa. En resumidas cuentas, la reina de Inglaterra era nieta de los Reyes Católicos, y su marido Felipe, bisnieto. Todo esto era, como poco, raro.

La novia, además, no era guapa, no era joven y no era simpática... solo le quedaban un par de dientes, carecía de cejas y pestañas y siempre tenía un gesto de malas pulgas; pero era reina y, sobre todo, era católica; la última reina católica de Inglaterra. Ese enlace, en aquel momento, era política y religiosamente necesario.

Cuando el emperador Carlos V apañó el matrimonio de su hijo el príncipe Felipe con la reina católica María I, el objetivo era conseguir que Inglaterra se quedara en el redil apostólico romano y ya no volviera nunca más al anglicanismo que dejó instalado Enrique VIII, el padre de la novia. En los cálculos de Carlos V estaba casar a Felipe con María y que tuvieran un crío que heredara el trono de Inglaterra y consolidara definitivamente el catolicismo en la Pérfida Albión.

El plan era bueno; muy bueno. Tan bueno como difícil de cumplir.

La reina María llegó a los treinta y ocho años, edad a la que se casó con su sobrino Felipe, sin haber conocido varón; quizás porque ningún varón quiso conocerla a ella. Tuvo apañados varios matrimonios, pero, por unas cosas o por otras, no cuajaron. La naturaleza de la soberana no parecía estar ya por la labor de procrear, aunque le puso ganas y deseo a partes iguales. Ni en sueños pudo imaginar encontrarse en su estado tan avanzado de madurez con un pibe rubito como Felipe, de solo veintisiete años, tan católico como ella y dispuesto a poner, a falta de deseo, todas las ganas en tener un heredero.

Heredero que nunca llegó.

La pobre reina María tenía tantas esperanzas puestas en tener un hijo que su ansiedad solo le acarreaba embarazos psicológicos. Engordaba, se inflaba, se emocionaba... nada. Humo. Felipe, mientras, se desahogaba por la corte inglesa con las chicas que se pusieran a tiro, y encima se escaqueaba en cuanto podía con la excusa de alguna guerra. Cuando no estaba pegándose con los franceses en San Quintín, acudía a una juerga flamenca en los Países Bajos, y, cuando no, tenía que ir a ver a papá para recibir instrucciones.

María, en cambio, se enamoró hasta las trancas de su sobrino. Le escribía cartas amorosísimas a las que él respondía como si contestara a un ministro, lo esperaba en el puerto cuando regresaba de sus viajes, lo despedía cuando se iba… hasta que en una de estas esperas murió. Cuentan las crónicas que con el nombre de Felipe en los labios. Su muerte puso fin a cuatro años de matrimonio y supuso todo un alivio para los ingleses, porque el acuerdo matrimonial estipulaba que si la reina moría sin descendencia, Felipe no tendría ningún derecho. Así que los ingleses respiraron, Inglaterra volvió a ser anglicana, Felipe hizo las maletas... y a freír espárragos los planes del imperio católico *anglo-spanish*.

El rey de España (accedió al trono en mitad de su reinado inglés, en 1556) y ya exrey de Inglaterra volvía a estar soltero, pero sin tiempo para buscar novia porque la guerra con Francia no le permitía centrarse. Aunque, paradojas de la vida, esa guerra contra el francés acabaría poniéndole en el camino a su tercera y, ahora sí, monísima esposa, Isabel de Valois. Tal y como la describió el cronista Luis Cabrera de Córdoba: «Pequeña, de cuerpo bien formado, delicado en la cintura, redondo el rostro trigueño, el cabello negro, los ojos alegres y buenos...».

Con este nuevo matrimonio cambiaron las tornas: Felipe había cumplido los treinta y tres años, mientras que Isabel de la Paz, así llamada porque su boda fue consecuencia del tratado que puso fin a la guerra entre Francia y España, iba camino de los diecinueve.

De todas aquellas idas y venidas, de aquellos juegos de tronos que pusieron fin a guerras o dieron principio a casorios que desembocaron en viudedades que a su vez facilitaron otras bodas, tuvo noticias Miguelito de Cervantes, aunque sus once años no le permitieran aún calibrar la época que le estaba tocando vivir ni los jugosos sucesos que, sin duda, habrían alimentado sus escritos de no haberse decidido a escribir a última hora. Uno de aquellos acontecimientos se dio en el recién estrenado verano de 1559, en París, durante los festejos de la boda por poderes de Felipe II con Isabel de Valois, hija del rey francés Enrique II.

El rey de España no acudió a este primer trámite de su boda porque, además de que no era costumbre, andaba apagando algún fuego en Flandes e instalando a su hermanastra Margarita de Parma en la gobernación de los Países Bajos: por eso se perdió ese momentazo en el que la fatalidad quiso que ganara y perdiera un suegro en menos de un mes.

Ocurrió que Enrique II se batía en una justa amistosa, a caballo y lanza en ristre, contra el conde de Montgomery, un escocés joven y diestro al que se le rompió la pica en la cabalgada, con tan mala suerte que una astilla de la lanza se coló por la rejilla del casco del rey, le entró por el ojo y le atravesó el cerebro.

Tras varios días de agonía, el rey de Francia murió, momento en el que algunos echaron mano de una de las profecías enrevesadas y tramposas de Nostradamus (quién sabe si él mismo la aireó aprovechando la trágica circunstancia) en la que decía: «El león joven superará al viejo, en campo bélico por singular duelo, en jaula de oro le reventará los ojos, dos choques uno, luego morir, muerte cruel». Ahí se ganó una inmerecida fama el liante de Nostradamus.

Sobre si Felipe II se disgustó mucho (o no) por la trágica muerte de su pariente político, no hay datos, aunque todo lleva a pensar que se quedó como estaba porque, como suegro, tuvo la fortuna de disfrutarlo solo unos días, y como encarnizado enemigo lo tuvo que sufrir varios años.

Sea como fuere, Felipe II tenía que regresar a España para encontrarse con su nueva esposa y emplearse cuanto antes a la faena de tener un heredero, porque el único disponible, el príncipe don Carlos, estaba seriamente averiado. Volvió de Flandes a finales del verano de 1559 y, tras desembarcar en Laredo, emprendió camino a Valladolid para asistir a uno de esos festejos con los que tanto disfrutaba: la quema de herejes.

Una pena que el niño Miguelito de Cervantes hubiera abandonado la ciudad solo un año antes, porque seguro que hubiera sido, junto con su familia, uno de los decenas de miles de ansiosos que se hicieron hueco a codazos en Valladolid para ver el espectáculo en la Plaza del Mercado.

Felipe II y toda su corte presenciaron aquel famoso auto de fe con el que la diabólica Santa Inquisición celebraba el regreso del rey de España. Ardieron en la hoguera catorce supuestos herejes luteranos, aunque doce de ellos no se enteraron porque los estrangularon antes. Los condenados en realidad eran quince, pero uno de ellos, Juana Sánchez, se quitó la vida en la cárcel para no dar gusto al populacho. Aunque no por eso se libró, porque la sentenciaron en efigie. Es decir, hicieron un muñeco que la representaba y lo quemaron con el resto. De la Inquisición no se escaqueaba uno ni suicidándose.

Isabel de Valois, sin embargo, se libró del brutal espectáculo porque no entró en su nuevo reino hasta principios de 1560. Felipe II acudió a recibirla al Palacio del Infantado de Guadalajara, donde se verificó el desposorio y donde consumaron su unión. La fiesta por este nuevo matrimonio del rey continuó en Alcalá de Henares, y puestos a celebrar buenas nuevas, se aprovechó para jurar como príncipe de Asturias al heredero don Carlos y para que Felipe II reconociera a su medio hermano Jeromín como miembro de pleno derecho de la familia real. A partir de aquel momento fue don Juan de Austria. También esto se lo perdió el niño Miguelín, que ya andaba estudiando por Cabra (Córdoba). Parecía que iba huyendo de la historia de España.

La pareja real se instaló en Toledo, por aquel entonces capital del reino, aunque la ciudad no retuvo el privilegio durante mucho tiempo porque Felipe II decidió cumplir con el deseo de su padre de trasladar la corte a Madrid. De nuevo el cronista Luis Cabrera de Córdoba tomó nota de la decisión: «El Rey Católico, juzgando incapaz la habitación de la ciudad de Toledo, ejecutando el deseo que tuvo el emperador su padre, de poner su corte en la villa de Madrid (y con este intento hizo el palacio del Alcázar, insigne en edificio, agradable y saludable en sitio, a que se sube por todas partes), determinó poner en Madrid su real asiento y gobierno de su monarquía, en cuyo centro está».

Y esa era la clave, que Madrid estaba en el centro del país y muy cerquita de un lugar que ya tenía el rey metido entre ceja y ceja para levantar El Escorial. Felipe II, sin embargo, haciendo honor a su cacareada prudencia, no dio carácter de permanencia al traslado de la corte, en parte por no agraviar a Toledo (quién sabe si le apetecería volver) y en parte para que los madrileños no se ilusionaran (quién sabe si le apetecería largarse). Había que comprobar primero si se confirmaban las bondades de aquella villa: «Bien proveída de mantenimientos por su comarca abundante, buenas aguas, admirable constelación, aires saludables, alegre cielo y muchas y grandes calidades naturales, que podía aumentar el tiempo y arte, así en edificios magníficos como en recreaciones, jardines, huertas».

Pero la instalación de la enorme y pesada maquinaria estatal en Madrid trajo sus inconvenientes y la villa y corte fue complicándose la existencia. Como escribió el satírico Eugenio de Salazar: «El henchimiento y autoridad de la corte es cosa muy de ver. Porque está tan llena de personas reales, de prelados, de sacerdotes, de caballeros, de justicias, de escuderos, tratantes, oficiales y menestrales que es cosa de admiración; y como todo el edificio no puede ser de buena cantería de piedras crecidas, fuertes y bien labradas, sino que con ella se ha de mezclar cascajo, grija y callao, así en esta máquina, entre las buenas piezas del ángulo, hay mucha froga y turronada de bellacos, perdidos, facinerosos, homicidas, ladrones, capeadores, tahúres, fulleros, engañadores, regatones, falsarios, pícaros y vagamundos».

Madrid, efectivamente, no fue lo que el rey esperaba, pero acabó tomando forma y no faltaba mucho para que la familia Cervantes se instalara donde estaba la pomada del poder. En la primavera de 1566 el joven Miguel llegó a vivir a la villa y corte con dieciocho años y allí comenzó a apuntar maneras de poeta y dejó ver su futuro de escribidor, aunque ni él mismo se lo tomó en serio.

Precisamente a Isabel de Valois le dedicó su primera poesía conocida, al parecer en 1567, con los veinte recién cumplidos y aprovechando que la reina dio a luz a su segunda hija, Catalina

Micaela. No es que aquel soneto pelota que empezaba diciendo: «*Serenísima reina, en quien se halla / lo que Dios pudo dar a un ser humano*» fuera para volverse loco, pero el joven Miguel lo intentó porque el Ayuntamiento de Madrid destinó cien reales para versos y demás escritos que aclamaran el alumbramiento. Esa era la costumbre. Colgar las alabanzas poéticas en cartelas que se colocaban en arcos triunfales durante los festejos por el nuevo miembro de la familia real.

Pero Felipe II no tenía motivos para celebrar nada.

1567 fue un año difícil para él y con varios frentes abiertos. En Flandes estaba la cosa revuelta porque la regente Margarita había dimitido y el duque de Alba entró como un elefante en la cacharrería de los Países Bajos; los moriscos, mientras, andaban revoltosos y celebrando los triunfos otomanos con la esperanza de que alcanzaran España... y encima nació otra niña. Como siglos después soltó un militar en otra situación similar... «¡Mala noche y, encima, parir hembra!».

Felipe II necesitaba un varón, un repuesto para su heredero, porque cada vez resultaba más claro que la cabeza del príncipe don Carlos estaba definitivamente perdida. Ese chico no daba pie con bola y no iba a poder reinar. Bien es cierto que nació gafado, porque se le murió su madre a los cuatro días del parto y su padre pasó de él. Fue conflictivo desde niño, violento, bronquista, malvado, caprichoso y torpe, consecuencias todas ellas de una genética desquiciada. Vaya un ejemplo: un humano normal tiene dieciséis tatarabuelos y ocho bisabuelos, pero el príncipe don Carlos contaba con solo seis tatarabuelos y cuatro bisabuelos, producto de la endogamia. Ya era un milagro que los niños sobrevivieran dada la maligna mezcla sanguínea, y si sobrepasaban la adolescencia... más milagro aún. Los que contabilizan estas cosas dicen que Felipe II provocó quince embarazos en sus cuatro esposas, que nueve de ellos llegaron a término y que solo un hijo varón acabó sobreviviendo al rey. Y tuvo que sobrevivir, ya se verá, el más tonto.

El príncipe don Carlos era el señalado para suceder a Felipe II, y habría podido hacerlo al margen de sus defectos físicos (chepa, un enorme cabezón, una pierna más corta que otra, el pecho hundido, voz chillona, leve tartamudeo...) si no hubiera sido porque además tenía pocas luces, si bien la historia de la monarquía española ha demostrado con creces que ser tonto no impide reinar. El crío no aprendió a hablar hasta los tres años y la primera palabra que dijo fue «no». En resumidas cuentas, que entre lo que puso él de su parte y lo que pusieron los demás, al príncipe don Carlos no había por dónde agarrarlo. Y así fue creciendo, hasta que un día de 1562, a los diecisiete años y, según refieren los mejor informados, persiguiendo a una moza a la carrera (huían de él como de la peste), tropezó en unas escaleras en Alcalá de Henares, cayó, rodó, se descalabró y quedó más perjudicado de lo que ya estaba. Todo fue a peor.

Sus cambios de humor eran insufribles, maltrataba a los caballos y a los humanos... le arrancó la cabeza a una ardilla de un mordisco (otras fuentes dicen que fue una culebra), tiró a un paje por la ventana, daba pescozones al personal de la corte, a un zapatero le obligó a comerse a trozos un zapato porque no le gustaron las hechuras, al duque de Alba le puso un puñal en el cuello, conspiró contra su padre, atacó a su tío don Juan de Austria... A Felipe II no le quedó otra que encerrarlo, y lo hizo porque, según la legislación vigente entonces, no podía inhabilitarlo como heredero. Para quitarle a un heredero su derecho tenía que haber atentado contra el rey, algo que no hizo; o haber manifestado opiniones contrarias a la fe católica, lo que tampoco ocurrió. Se le consideraba «príncipe muy católico y verdadero hijo de la Iglesia». Que tirara a un criado por la ventana o intentara apuñalar a varios altos cargos no se consideraba contrario a la fe. Solo eran ligeros contratiempos producto de su carácter atravesado.

El cotilleo sobre el encierro del heredero corrió como la pólvora por todas las cortes europeas y hasta el papa Pío V exigió explicaciones al rey de España.

Pero Felipe II no se explicaba. Se limitaba a decir que había actuado así «por causas que convinieron a su servicio y al bien de estos reinos», o que lo había encarcelado por causa «de su natural y particular condición». Pero todo eran medias palabras, porque Felipe II consideró que, como rey que era, con mayoría absoluta y por derecho divino, no debía dar cuentas a nadie. Sin embargo, calculó mal su silencio, porque cuando falta transparencia, las conjeturas vienen solas. Y si el rey de España ya arrastraba una leyenda negra en Europa, con esta decisión terminó de pifiarla.

Seis meses estuvo encerrado el príncipe Carlos antes de morir. Intentó suicidarse tragándose un diamante (absurdo, porque luego sale; lo malo es que hay que buscarlo si se pretende recuperarlo), se declaró en huelga de hambre, solo aceptaba beber agua helada (probablemente síntoma de la malaria que padecía)... El caso es que poco a poco se fue muriendo como consecuencia, dijeron entonces, de «furia juvenil». La sospecha de que Felipe II había ordenado el asesinato de su hijo, unida a la pésima fama de la Inquisición en Europa y al fundamentalismo religioso del rey, acabó convirtiendo al príncipe Carlos en un héroe romántico, y la leyenda en torno a su figura inspiró a Friedrich Schiller en 1787 el drama *Dom Karlos, Infant von Spanien*, texto que a su vez sirvió en 1867 para que Giuseppe Verdi compusiera la ópera *Don Carlos*.

Y si 1567 se mostró un año nefasto para Felipe II, en 1568 las cosas empeoraron. No solo se le murió ese año el único heredero que tenía, también perdió a su querida reina Isabel, los moriscos se le rebelaron en Las Alpujarras, el duque de Alba no paraba de hacer amigos en Flandes con las ejecuciones de nobles y herejes y, para remate, los otomanos andaban perpetrando una de las suyas. Pero para el rey lo verdaderamente grave era que volvía a estar viudo, con cuarenta y un años y sin sucesor.

De todo ello tuvo noticias Miguel de Cervantes, que a sus veintiún años ya andaba esmerándose con la escritura en las aulas del Estudio de la Villa con su maestro Juan López de Hoyos. A este humanista le encargó el Ayuntamiento de Madrid la composición de las alegorías, letras y jeroglíficos que se iban a colocar en el templo de las Descalzas Reales, donde fue enterrada la reina. Todas las poesías y loas a la malograda Isabel de Valois se reunieron el año siguiente en un libro de kilométrico título (*Historia y relación verdadera de la enfermedad, felicíssimo tránsito, y sumptuosas exequias fúnebres de la Sereníssima Reyna de España Doña Isabel de Valoys, nuestra Señora... Compuesto y ordenado por el Maestro Iuan Lopez, Cathedrático del Estudio desta villa de Madrid*) en el que se incluyeron tres composiciones poéticas y un soneto-epitafio del joven alumno Miguel. No es que rebosaran calidad literaria, pero no importa. Si a estas alturas hay consenso mundial sobre el genio literario de Miguel de Cervantes, no se trata de cebarse en sacar defectos a cuatro poemas de juventud.

Felipe II encajó mal la muerte de la reina Isabel, pero mucho peor era verse viudo por tercera vez y sin un heredero que llevarse al trono. Había que buscar una cuarta esposa como fuera y donde fuera... entre las primas, entre las sobrinas, entre las tías. María de Austria fue la elegida: hija de un primo de Felipe II y a la vez su sobrina carnal. Eso ya era rizar el rizo.

Pasaron por los trámites habituales: boda por poderes (la novia estaba en Praga), verificación de matrimonio cara a cara meses después en Segovia... y al lío, que había prisa. En noviembre de 1570 matrimonió por cuarta vez el rey de España, y aunque para él se estaba convirtiendo en costumbre, la plebe andaba deseando que se celebrara cualquier acontecimiento real, ya fuera boda, bautizo o comunión, para que se organizara uno de sus espectáculos favoritos, las corridas de toros. Pero esta vez no pudo ser.

Hacía tres años que el papa Pío V había agarrado pluma y papel para redactar la bula *De Salutis Gregis Dominici*, prohibiendo en todo el mundo católico los espectáculos con toros. Decía la bula en su punto 2:

> Nos, considerando que esos espectáculos en que se corren toros y fieras en el circo o en la plaza pública no tienen nada que ver con la piedad y caridad cristiana, y queriendo abolir tales espectáculos cruentos y vergonzosos, propios no de hombres sino del demonio (...), prohibimos terminantemente por esta nuestra Constitución, que estará vigente perpetuamente, bajo pena de excomunión y de anatema en que se incurrirá por el hecho mismo (*ipso facto*), que todos y cada uno de los príncipes cristianos, cualquiera que sea la dignidad de que estén revestidos, sea eclesiástica o civil, incluso imperial o real o de cualquier otra clase, cualquiera que sea el nombre con el que se los designe o cualquiera que sea su comunidad o estado, permitan la celebración de esos espectáculos en que se corren toros y otras fieras en sus provincias, ciudades, territorios, plazas fuertes y lugares donde se lleven a cabo.

Los súbditos, que no atinaban a divertirse de otra manera, pidieron al rey que se saltara la bula a la torera, y a punto estuvo Felipe II de quebrantar la disposición papal, aunque finalmente no se atrevió. Y por cierto, una mala noticia para los católicos taurinos: están todos excomulgados; la bula sigue vigente. «Perpetuamente», dijo el papa.

Felipe II nunca se llevó muy bien con Pío V. Lo consideraba un antipático, pero lo respetaba, acató todas sus órdenes (la de suprimir los toros fue la que más le costó cumplir) y acudió a todas sus llamadas, aunque alguna le saliera muy cara. La bronca de Lepanto fue una de ellas.

El papa exigió a Felipe II que, para plantar cara a los otomanos, pusiera su flota, su dinero y sus hombres al servicio de lo que llamó la Liga Santa. Pío V se veía mirando a La Meca como no se frenaran los planes expansionistas turcos por el Mediterráneo, y para ello formó una alianza con España, con la República de Venecia y con Malta. Ganó la selección papal por goleada, y la batalla de Lepanto, librada en octubre de 1571, quedó para la historia como la mayor y más sangrienta cruzada naval de la Edad Moderna y la que, de paso, encumbró a don Juan de Austria a la categoría de héroe nacional porque él dirigió el cotarro. Según escribió años después un soldado que perdió la movilidad de su mano izquierda en aquella lucha contra el turco y que luego se metió a novelista, Lepanto fue «la más alta ocasión que vieron los siglos pasados, los presentes, ni esperan ver los venideros». Nunca pudo imaginar aquel manco que aún tenía que llegar el 12-1 del España-Malta.

Con el grandioso triunfo frente al Imperio otomano, liderado por España aunque el tanto se lo apuntara el papa, parecía que Felipe II rompía su mala racha personal, porque solo dos meses después nació su hijo Fernando. El chaval sobrevivió al parto... y superó el primer día... y el segundo... y el tercero... y luego una semana, y después otra, y otra... y un mes... y un año... aquello prometía. Parecía que, por fin, teníamos príncipe de Asturias. Y dos años después vino al mundo el repuesto, por si se malograba el heredero titular. Nació en 1573 Carlos Lorenzo, que aguantó vivo casi dos años y no llegó a ver nacer en 1575 a su hermano Diego Félix, que, en cambio, seguía en este mundo cuando llegó en 1578 el cuarto varón, Felipe. En este mismo año murió, además, don Juan de Austria. De muy malas formas, la verdad. Que el héroe de Lepanto sucumbiera porque unos matasanos chapuceros le operaran malamente una almorrana no está bonito.

De tanto nacimiento y muerte de príncipes pudo tener noticias Miguel de Cervantes, pero seguro que le traía al pairo si España tenía o no heredero al trono: al futuro escritor solo le preocupaba en aquellos años abandonar su maldito cautiverio en Argel.

Nótese, solo como curiosidad, que Felipe II no bautizó con su nombre a ninguno de sus tres primeros varones; lo reservó para el cuarto, el más tonto de todos y precisamente el que acabó sobreviviendo a todos sus hermanos y reinando con el nombre de Felipe III. El rey ya se olía que aquel muchacho no iba a brillar por su inteligencia ni por su capacidad para gerenciar el país, por eso se lamentó con aquella cita que se le atribuye: «Dios, que me ha dado tantos reinos, me ha negado un hijo capaz de gobernarlos».

Felipe III salió tonto, vale, pero tampoco su progenitor, por mucho que le apodaran el Prudente, sacó buena nota de su reinado. Llevó a España a la bancarrota en tres ocasiones, y pese a que las arcas del Estado estaban tiritando, no escatimó recursos para erigir el mastodóntico monasterio de El Escorial.

Andaba el rey todavía casado con su adorada Isabel de Valois, cuando en 1563 se puso la primera piedra en la fachada meridional. Aquello no era solo un convento: era un monumento triunfal (se empeñó en construirlo para celebrar la victoria ante Francia en la batalla de San Quintín el 10 de agosto de 1557, día de san Lorenzo), un casoplón de verano, una biblioteca de aúpa, un panteón para muertos regios (papá Carlos le dejó el encargo de que le construyera una tumba digna de un emperador), una «huesoteca» de santos y vírgenes, un gabinete de reliquias excéntricas y, de paso, un monasterio. En realidad lo de menos era el monasterio.

Que ahora sirva a intereses turísticos es una cosa, pero en su momento El Escorial solo le gustaba a Felipe II; solo satisfacía sus deseos de grandeza y sus ansias por asegurarse el cielo. Francisco de Quevedo denunció abiertamente la fortuna gastada por el monarca en «el Escurial y otras niñerías», y fray Luis de León tampoco se privó de criticar semejante derroche.

En 1584, quince años después de haberse colocado la primera piedra, entraron en el monasterio las presuntas reliquias de san Lorenzo y san Hermenegildo, junto con la cabeza de santa Undelina, un hueso de san Gedeón, una cabeza de las once mil vírgenes y tres canillas de los apóstoles san Felipe, Santiago y san Bartolomé, con lo que Felipe II dio por inaugurado aquel complejo urbanístico, instalándose a vivir allí pese a que aún no estaba terminado. Probablemente lo hizo para presionar a los albañiles y que de una vez por todas terminaran de construir, porque al rey solo le quedaban catorce años de vida y aquello estaba durando más que las obras del... vamos, que estaba durando mucho.

Casi en paralelo a su empadronamiento en el monasterio, el rey dio orden de traslación a El Escorial de los restos de Carlos V desde Yuste, y de todas las reinas, príncipes e infantes de su dinastía que andaban esturreados por conventos y templos de España. Pero no fueron solo esos los restos que llegaron, porque Felipe II se volvió un obsesivo coleccionista de reliquias, lo que le llevó a reunir de forma compulsiva y al tuntún huesos de santos, vírgenes y mártires, además de objetos tan absurdos como once espinas de la corona de Jesucristo, un pedazo de cuerda con el que le ataron las manos, varios trozos de la columna de mármol a la que le sujetaron para azotarlo, una parte de la esponja con vinagre que le acercaron a la boca, un pelo de su barba, un clavo de su cruz, pajas del pesebre en el que nació...

Así reunió Felipe II en El Escorial unos quince cuerpos enteros de supuestos santos, ciento cuarenta y cuatro cráneos (algunos con sus correspondientes mandíbulas), seiscientos brazos, setecientas piernas de rodilla para abajo, cuatro mil y pico huesos más de distintos tamaños, y, por supuesto, entre tanta extravagancia se hallaba la reliquia del santo más importante de aquella causa escurialense, el muslo entero de san Lorenzo, «con su pellejo tostado y asado, y se conocen en él las aberturas y los agujeros que le hicieron con los hurgones y garfios de hierro, para que se turrase bien sobre la parrilla».

Casi todas las reliquias eran falsas, por supuesto, y así se lo advirtieron al rey desde las altas instancias eclesiásticas. Una cosa es que a la ignorante plebe se la tuviera enganchada a la fe con supuestos restos sagrados y otra muy distinta que el mismísimo rey de España anduviera como loco recolectando por media Europa y toda España trocitos de santos y cachitos de mártires.

De dónde las sacaba, puede que se esté preguntando alguien. Pues, por lo que respecta a Europa, se recopilaron miles de restos aprovechando que los protestantes rechazaban su veneración y, por tanto, se estaban deshaciendo de ellos. Pero la mayor cosecha relicaria la llevó a cabo el rey en territorio español, y para ello le fue muy útil la obra *Relaciones topográficas de los pueblos de España.*

Las *Relaciones* fue un encargo de Felipe II para hacer el primer gran inventario de España. Se trataba de saber cuántos pueblos había, cómo se organizaban sus habitantes, cuáles eran sus límites territoriales, si había uno, dos o siete curas, cuántos vecinos habitaban, qué oficios tenían.... Felipe II envió a una serie de gentes a hacer encuestas por todo el país para tener una idea certera de lo que era su reino; funcionarios que llevaban un cuestionario con cincuenta y tantas preguntas que iban rellenando después de entrevistar a las autoridades del pueblo. Una de las preguntas decía: «¿Cuántas reliquias notables hay en las iglesias y ermitas señaladas y cuántos milagros se han producido?». En cuanto un pueblo reconocía tener, por ejemplo, una costilla de santa Eduvigis, un dedo meñique del mártir Zutanito o un trozo del mandil que se ponía la Virgen cuando cocinaba lentejas, esta relación se la pasaban a Felipe II y todas las que le gustaban emprendían camino del relicario de El Escorial «con el mínimo ruido y el mayor disimulo». Dicho finamente, el rey las birlaba.

El Escorial no solo se cuajó de reliquias; todos aquellos muros había que tapizarlos y adornarlos con pinturas, por eso no faltó una corte de artistas que ofreció sus obras al rey con la esperanza de convertirlo en su mecenas. El Greco fue uno de ellos, aunque sin éxito. A Felipe II no le gustó ese estilo tan peculiar y vanguardista del griego... esas caras tan largas, esa oscuridad... Sospechan algunos estudiosos que aquel rechazo de Felipe II dejó en el Greco ganas de venganza, por eso un par de años después, cuando recibió el encargo de *El entierro del señor de Orgaz*, pintó a Felipe II en el cielo. Dicen, pero vaya usted a saber si es cierto, que aquello fue el «te vas a enterar» que le dedicó el Greco a Felipe II por no aceptarle como pintor de corte: entre las varias decenas de personajes plasmados en la tabla, parece identificarse al rey entre los muertos del cielo en vez de entre los vivos de la tierra.

De lo que no se privaron los muros de aquellas desangeladas estancias y aquellos largos corredores que le veían arrastrar su gota fue de oír blasfemar al rey. Las malas noticias sobre sus finanzas, las provocaciones de la reina Isabel I de Inglaterra y los estropicios de sus corsarios, los menosprecios del papa, las broncas en Flandes... aquella última etapa de su reinado se le estaba poniendo muy cuesta arriba.

Esos herejes ingleses no habían parado de meter el dedo en el ojo de la monarquía hispánica desde hacía años; según las crónicas más cotillas, porque la reina Isabel encajó mal no haber llegado a mayores con su cuñado Felipe II. Tuvieron varios y apasionados encuentros —de los que él, y así consta, guardó estupendos recuerdos—, pero no consiguió trincarlo como marido ni apearle de su fundamentalismo católico. La reina no le perdonó que aceptara casarse con su medio hermana María Tudor y que luego la rechazara a ella, que era mucho más mona y mucho más joven. No soportó ser solo el rollo de unas cuantas noches.

Conviene aprovechar la circunstancia para desmontar esa falacia histórica que pretendió hacer pasar a Isabel I de Inglaterra como la «reina virgen». Cierto es que no se casó jamás, pero no esquivó a varón apetecible alguno ni se molestó en dar explicaciones por hacerlo. Explicaciones que, por otra parte, nadie se atrevió a pedir porque la reina tenía tanta soltura para decapitar como su padre, Enrique VIII. De casta le vino a la galga...

Todas las cortes europeas estaban al tanto de sus novios y (para que luego hablen de la mala leche de Quevedo) hasta Luis de Góngora dijo de ella que era «mujer de muchos, y de muchos, nuera». Más fino fue en sus comentarios el rey de Francia Enrique IV, aquel al que le atribuyen la frase «París bien vale una misa» a cuento de que, con tal de pacificar Francia y acabar con las guerras de religión, abandonó el protestantismo y abrazó el catolicismo. Sin ninguna convicción, al parecer. De ahí eso de decir, vale, si hay que ir a misa, se va, aunque sea sin ganas. Pues Enrique IV, que estaba al tanto de los amantes que pasaban por la cama de la reina Isabel, dijo: «Entre las cosas que nadie cree y que, sin embargo, deben de ser ciertas, figura que yo soy un buen católico y que la reina de Inglaterra es virgen».

Fuera o no por el rechazo amoroso, Isabel I se cebó con su examante y no reparó en gastos para hacerse notar. Persiguió sin tregua a los católicos ingleses, ayudó a los protestantes de Escocia y Francia, apoyó a los rebeldes de Flandes, dio su beneplácito a la piratería contra la flota española… Pese a todo, Felipe II no hizo nada, hasta que se le infló la corona en 1586 y aceptó preparar a la Gran Armada contra Inglaterra, aquella a la que los británicos bautizaron con chufla como La Invencible.

Desastrosa empresa para el país y bendita para el mundo de la literatura, porque el currito Miguel de Cervantes comenzó en 1587 sus idas y venidas de Madrid a Andalucía y de Andalucía a Madrid como comisario de provisiones y recaudador de impuestos para la Gran Armada. Cuántas y geniales ideas recogió en aquel camino que atravesaba La Mancha...

No merece la pena recordar aquí el palizón que los elementos y los ingleses le dieron a la flota española aquel nefasto verano de 1588, aunque a Felipe II le costaba creer que Dios no se hubiera puesto de su parte en aquella lucha contra los infieles anglicanos. Peor lo encajaron las altas instancias eclesiásticas, que todavía a mediados de octubre andaban de rezo en rezo, encomendándose a todos los santos para que echaran un cable a la Gran Armada. Fue el propio Felipe II quien se dirigió por carta a todos los obispos del país diciéndoles que dejaran de hacer el canelo con las rogativas por el triunfo de la Armada, y empezaran a dar gracias porque la cosa no había sido peor.

No faltaban voces que animaban al rey a tomarse la revancha, y aunque tenía ganas, lo que no tenía era dinero. Quizás el papa le pudiera echar una mano... España lo merecía... había estado al lado de Roma cada vez que había sido requerida... los españoles seguían fastidiados sin toros por acatar la bula de Pío V... y el rey no rechistó cuando el siguiente pontífice, Gregorio XIII, ordenó el cambio de calendario en el mundo católico e instauró el gregoriano... quizás había llegado el momento de reclamar al papa actual la ayuda económica que tantas veces había prometido Roma (siempre y cuando fuera para luchar contra los herejes protestantes) y nunca había dado.

Pero Sixto V, un papa con malas pulgas, no acababa de soltar el dinero, y cuando Felipe II insistió por enésima vez en que le echara un hueso, el pontífice, harto, agarró pluma y papel y, en carta fechada el 25 de julio de 1588, le cantó las cuarenta al rey de España:

> El conde de Olivares, embajador de vuestra majestad, muchas veces en su nombre me ha propuesto tres cosas: la primera que, queriendo vuestra majestad continuar la empresa de Inglaterra, si tengo la misma resolución que tenía en el año mil quinientos ochenta y siete de dar la ayuda que prometí, y respondí que sí; la segunda, si quería anticipar la paga, y le respondí que no, porque vuestra majestad consume tanto tiempo en consultar sus empresas, que, cuando llega la hora de ejecutarlas, se ha pasado el tiempo y consumido el dinero.

Más claro, agua. Pero como un papa nunca pierde las formas, al final de aquella rotunda negativa adjuntó la bendición apostólica.

Así pagaba Sixto V el catolicismo desatado de la monarquía hispánica. Así agradecía al rey de España, al hijo del sacro emperador, todos los desvelos por Roma y por Dios... pues a la porra. A partir de ese momento, nada de apoyar a nadie más en cruzadas religiosas. España se lo guisaría y España se lo comería, y sus intereses serían los únicos por los que velar. Y así, sin ayuda de nadie, España se metió en una guerra contra Inglaterra cuyo fin no llegó a ver el rey: el 13 de septiembre de 1598 murió Felipe II en El Escorial después de cuarenta y dos años y medio de reinado.

Eso sí, para tranquilidad del reino, nos dejó un heredero (más simple que el asa de un cubo) perfectamente instalado y convenientemente casado por poderes con Margarita de Austria. Felipe III comenzó a reinar a los veintiún años, y con él terminó la época de los gobiernos personalistas de Carlos I y Felipe II y se inició la edad dorada de los validos. Una forma eufemística de decir que el rey no pegaba sello en beneficio de uno o varios subordinados que manejaron el gobierno del reino y los dineros a su antojo.

Tal fue el caso del valido de Felipe III, el maligno Francisco Gómez de Sandoval-Rojas y Borja, un tipo corrupto y malversador que ya disfrutaba del marquesado de Denia cuando el rey le agració también con el ducado de Lerma. El rey de España hizo tal dejación de funciones que era más fácil acercarse a él que al propio duque. Se le atribuye un sucedido en el que un soldado logró acceder al rey para hacerle una petición y Felipe III le dijo: «Acudid al duque». El soldado respondió: «Si yo hubiera podido hablar con el duque, no vendría a ver a Vuestra Majestad».

Los mayores desvelos los dedicó Felipe III a la religión, al derroche, al ocio y a tener contento a su valido. De inteligencia mediocre, floja voluntad y con menos luces que una patera, Felipe III entró en las enciclopedias con el sobrenombre de El Piadoso porque rezaba nueve rosarios al día, uno por cada mes que Jesucristo estuvo en el vientre de su madre.

Pese a que acababa de enterrar a su padre y a que el país estaba en bancarrota, durante los primeros meses de 1599 Felipe III no se planteó aplicar un mínimo de prudencia y austeridad para celebrar los festejos por la verificación de su boda en Valencia con Margarita de Austria. Provocó que todas las ciudades y pueblos por los que fue paseando a la nueva reina de España (Barcelona, Zaragoza, Barajas, El Pardo, Madrid…) destinaran un dineral al adorno de las calles y a agasajar a los recién casados.

La plata y el oro continuaban llegando de ultramar, pero a duras penas daban abasto para mantener a un rey tan lerdo y, sobre todo, tan manirroto, porque, además de lo que gastaba en darse sus gustos, premiaba con generosas propinas a los que se acercaban con buenas noticias. Como cuando le regaló 50.000 ducados al marqués de Denia (le faltaban unos meses para ser duque de

Lerma) solo porque le dio la noticia de que la flota de Indias había llegado a Sevilla cargada de plata. «Por la buena nueva», dijo.

Así, tacita a tacita, se fue haciendo de oro Francisco Gómez de Sandoval-Rojas y Borja, que no sabía poner límites a su avaricia y comenzó a organizar su empresa más ambiciosa: el traslado de la corte de Madrid a Valladolid.

Hasta que Felipe II instaló la corte definitivamente en Madrid, la capitalidad del reino era itinerante. Se trataba de que el rey no mostrara demasiado favor por una de sus villas y que se mudara de una a otra para asentar su poder a lo largo de todo el territorio. De ahí que sea tan común en la historia de Castilla la convocatoria de Cortes en lugares como Toro, Burgos, Valladolid, Carrión de los Condes... Allá donde se asentaran los reyes se convocaban las Cortes, y esa se consideraba la capital de la monarquía hispánica. En el siglo XVI esto comenzó a volverse muy incómodo, muy caro y poco práctico, por eso Felipe II instaló su corte en Toledo, hasta que decidió trasladarla y fijarla definitivamente en Madrid.

Cuarenta años llevaba la corte quieta en un sitio cuando el duque de Lerma decidió que a su cuenta corriente le vendría bien romper con la decisión de Felipe II y trasladar de nuevo toda la maquinaria del Estado a Valladolid. Era el año de 1601, año en el que Miguel de Cervantes, harto de ser funcionario del Estado y de haber pisado un par de cárceles por su mala gestión de los dineros públicos, ya estaba volcado en su carrera literaria.

La mudanza de la corte a Valladolid tenía un doble interés para el duque de Lerma. Primero y fundamental, su personal enriquecimiento, y segundo y no menos importante, distraer a la plebe para que alejara de sí la funesta manía de pensar (terrorífica frase que un par de siglos más tarde le soltó el rector de la Universidad de Cervera al cenutrio de Fernando VII: «Lejos de nosotros, majestad, la funesta manía de pensar»).

Mientras que la ciudad que despedía la corte lloraba amargamente su pérdida porque de inmediato sufría un hundimiento económico, la que la recibía lo celebraba con muchos y variados jolgorios. En Valladolid se organizaron festejos, teatro, toros... por cierto, después de muchas intentonas con varios papas para que derogaran la bula que los prohibía, consiguieron enredar a Clemente VIII para que de nuevo autorizara los espectáculos con toros, si bien con muchos condicionantes (que no se cumplieron) y pasando por alto que su colega Sixto V prohibió que su ordenanza se anulara.

¿Por qué eligió el duque de Lerma Valladolid como nueva sede de la corte? Porque le tiraba su tierra. Había nacido cerca, en Tordesillas, y tenía varias propiedades en la capital que fue ampliando con otras muchas antes de convencer a Felipe III para el traslado. El de Lerma adquirió palacetes, inmuebles, solares... de tal forma que se hizo con la propiedad de medio Valladolid.

Cuando se traslada una corte, la familia real y la enorme maquinaria del Estado arrastran a miles de personas que buscan prosperar a su sombra: funcionarios, pelotas, jerarcas eclesiásticos y nobles, a los que siguieron como perrillos artistas, cómicos, músicos, libreros, impresores y escritores que buscaban su mecenazgo; mucho más en aquel prolífico Siglo de Oro.

Quevedo fue uno de los que se trasladó a Valladolid y Cervantes hubiera querido hacerlo en su momento, porque en Madrid no quedó ni un duque, ni un marqués que llevarse al patrocinio, pero su modesta economía le impedía empadronarse con su familia en la ciudad del Pisuerga. Los precios de las casas estaban por las nubes.

Hasta septiembre de 1604 no pudo Cervantes instalarse en Valladolid; seguramente, como sospecha el cervantista Luis Astrana Marín, en una infravivienda construida deprisa y corriendo y con malos materiales. Estaba a orillas del río Esgueva, en unas casas nuevas del entonces llamado Rastro de los Carneros.

Siguiendo a la corte y a los mecenas, en septiembre de 1604 pudo por fin instalarse en Valladolid Miguel de Cervantes junto con su familia. Aunque hoy la casa está restaurada, se sospecha que en su momento fue una infravivienda construida con malos materiales a orillas del río Esgueva.

El historiador Luis Cabrera de Córdoba, en sus *Relaciones de las cosas sucedidas en la Corte de España desde 1599 hasta 1614*, definió perfectamente aquel boom inmobiliario vallisoletano: «Ha cargado tanta gente en esta ciudad con todo el cuidado que se pone (en que no se hinche de vagabundos y gente ociosa), que faltan ya casas en que posar; y así se han encarecido en extremo los alquileres y los mantenimientos y todo lo necesario, que sin duda cuesta la mitad más que en Madrid, y lo que se siente mucho es que se duda para en adelante pueda esta tierra proveer de lo necesario a esta Corte».

¿Quién provocó aquel despiporre con el ladrillo? ¿Quién alquiló y vendió palacetes y casas a todas aquellas miles de personas que llegaron de golpe a Valladolid? ¿Quién tenía la propiedad de infinidad de solares que puso a la venta para que otros construyeran más? Quién iba a ser: el espabilado del duque de Lerma, que era el propietario de casi todo y quien, con esta maniobra magistral, comenzó a ingresar dinero a espuertas. El asunto llamó la atención de los viajeros extranjeros, que como el portugués Bartolomé Pinheiro da Vega lo recogieron en sus escritos. «Cada día se ve levantar grandes palacios donde antes había un muladar o un estercolero».

Madrid, mientras, se hundió en una crisis económica y cultural que provocó una espectacular caída de los precios de las viviendas. La defenestrada villa y excorte se despobló, y a ella llegó por aquella época el escritor Agustín de Rojas, que se lamentaba con estas palabras de la profunda soledad que reinaba: «Pues en un lugar tan grande, apenas por calle alguna veía gente... todo era tristeza y melancolía». Y lo corroboró el cronista León Pinelo cuando recogió en sus textos que las casas principales se daban gratis e incluso se pagaba a quienes morasen en ellas a fin de detener la desbandada general.

Ajeno a todo, salvo a sus fiestones, sus toros, sus rosarios y sus ocios, estaba Felipe III, que vio nacer en Valladolid al que acabaría siendo el cuarto de los Felipes, su heredero. Vino al mundo en la noche del 8 de abril, el Viernes Santo de 1605, y decía una antigua superstición que los nacidos en tan sacrosanto día llegaban con el don de ver las aguas bajo la tierra; que eran zahoríes por naturaleza. Los ignorantes dedujeron entonces que el niño Felipín, precisamente por ser zahorí, acabaría siendo un gran rey. Pues dedujeron mal. Más le hubiera valido al país que se hubiera dedicado a abrir pozos en vez de meter a España en un agujero.

Durante su estancia en Valladolid, Felipe III derrochaba con tal exagerada esplendidez (acéptese la redundancia en este caso) que para demostrarlo basta echar mano de un sucedido que se produjo apenas un mes después del nacimiento del heredero. Hasta la corte llegó una embajada persa que estaba realizando un periplo por Europa para conseguir alianzas contra los turcos. Algunos altos funcionarios que formaban aquella delegación acabaron convirtiéndose al cristianismo gracias a lo bien que se sintieron tratados por el rey y a lo mucho que se divertían. Felipe III, feliz de haber arrebatado tres fieles a Alá, los compensó asignándoles generosas pensiones, y los nuevos cristianos, para evitar que su embajador se tomara venganza, lo mataron. La corte de Valladolid no vivió mayor extravagancia que aquel asesinato del alto emisario persa.

Pero la corte tenía los días contados a orillas del Pisuerga. A principios de 1606 se decidió... mejor dicho, el duque de Lerma decidió que ya era hora de regresar a Madrid porque había que redondear el negocio. Gran parte de lo ganado con la especulación inmobiliaria en Valladolid lo invirtió el duque en comprar en Madrid terrenos y palacios tirados de precio gracias a la depresión económica provocada por él mismo con el traslado de la corte. Todo lo comprado a coste de saldo en Madrid se disparó de precio con el regreso del rey y toda su maquinaria real. Vuelta a reorganizar la Administración, vuelta a recolocarse socialmente, vuelta a trapichear con palacetes y terrenos... Se calcula que el de Lerma se llenó los bolsillos con más de un millón de ducados, que al cambio son una exageración de millones de euros.

El 16 de enero, disimuladamente, partió el rey de Valladolid con toda su parentela y se instaló en la villa palentina de Ampudia para, dijo, «divertirse algunos días». Ya no regresaron.

Madrid volvió a la vida con el regreso de Felipe III, con parrandas en cada esquina, con la reactivación de la vidilla cultural y la explosión urbanística. La población se triplicó, y a partir del traslado quedó ya para siempre aquello de que «solo Madrid es corte».

Ese ajetreo lo vivió y lo sufrió de cerca Miguel de Cervantes, porque también él tuvo que hacer las maletas y empadronarse, otra vez, en Madrid, donde ya pasó los últimos diez años de su vida.

No conoció el escritor la caída en desgracia del duque de Lerma. Sus corruptelas acabaron saliendo a la luz, aunque disponía de las suficientes herramientas para evitar las fatales consecuencias que le esperaban: se metió a cardenal. («*Para no morir ahorcado / el mayor ladrón de España / se viste de colorado*»).

Y tampoco vio Cervantes la llegada al trono de un nuevo rey (bastante tuvo con haber conocido a tres), pero resulta del todo indiscutible que aquella España por la que transitó el escritor durante sus sesenta y siete años, seis meses, tres semanas y dos días de vida fue, como bien dijo el poeta, un inmenso siglo, un siglo de gigantes...

Aquel que abrió Colón y que cerró Cervantes.

I

Don Quijote y don Miguel

Así nació *El Quijote*

Las aventuras de una edición exprés

Merece la pena conocer cómo vio la luz *El ingenioso hidalgo don Quijote de La Mancha.* Han pasado más de cuatrocientos años desde que salió de las manos de Cervantes para llegar a las de sus primeros lectores. ¿Qué ocurrió aquel verano de 1604?

Desde cinco o seis años antes de la impresión de *El Quijote,* las aventuras del hidalgo eran conocidas en forma de novela corta que recogía un par de aventurillas. Esa novelita, que había corrido como manuscrito, copiada a mano, disfrutó de relativo éxito, y como Cervantes no vio un céntimo de aquella obra, pensó: pues si a la gente le está gustando tanto la novelita, voy a ver si la amplío, la hago más gorda y le saco unos cuartos. Esa novela ampliada es la que le ofrece a un librero de Valladolid, Francisco de Robles, con el que tenía cierta amistad. El editor olió el negocio, porque ya habían llegado a sus oídos las disparatadas historias de un tal don Quijote, y no perdió la oportunidad de enganchar la historia corregida y ampliada, aunque se tomó unos días hasta aceptar el manuscrito de don Miguel. Un día se presentó sin avisar en casa del autor, le hizo firmar la cesión de derechos, le dio una birria de adelanto y se llevó las planillas a Valladolid para el siguiente trámite; conseguir que el Consejo de Castilla aprobara la publicación.

A Cervantes le pilló con el pie cambiado. Aún no había juntado la historia original de la novelita con lo que luego amplió, no lo tenía dividido en capítulos, no había hecho una segunda lectura… Pero es que estaba sin un duro y, si perdía esa ocasión, lo mismo se tenía que comer *El Quijote*. En apenas unas horas reunió las historias, puso títulos a los capítulos de mala manera, pilló el adelanto y entregó la obra. Sin prólogo, sin dedicatoria...

Robles entregó a Cervantes un recibo que podría cobrar en cuanto el rey concediera el permiso de publicación. No hay constancia de qué cantidad exacta se pactó, porque los documentos del escribano ante el que se formalizó la transacción se perdieron, pero se sabe que no fueron más de 100 ducados, una cantidad irrisoria que tira el alma a los pies. Algunos expertos han hecho cálculos y, haciendo una equivalencia arriesgada, 3.000 ducados de entonces serían ahora como 6.000 euros; bueno, pues 100 ducados equivaldrían a 200 euros. Eso es lo que debió de cobrar Cervantes por ceder al editor una de las obras más grandiosas de la literatura universal.

Robles logró, porque tenía buenos enchufes, que el Consejo de Castilla otorgara rápidamente el privilegio de impresión, y con la misma celeridad el manuscrito se remitió a la imprenta de Juan de la Cuesta en Madrid para que comenzara a componerse. Allí trabajaban once oficiales, entre ellos un corrector, de nombre Juan Álvarez, al que todo el mundo ha echado siempre la culpa de las innumerables erratas del libro. Se avanzaba a razón de un pliego por día, por lo que los 83 pliegos, equivalentes a 664 páginas, de que constaba *El Quijote* estuvieron listos a finales de noviembre de 1604.

Pero aún faltaba por incluir el prólogo, la dedicatoria y el testimonio de las erratas; es decir, la firma de un señor escribano que, se supone, debía corregir el libro. El inepto que tuvo este honor se llamaba Francisco Murcia de la Llana, vecino de Alcalá de Henares, y dicen que tardó en revisar *El Quijote* menos tiempo del que se emplea en tomar el pulso a un enfermo. O sea, que certificó que el libro no tenía erratas sin siquiera leerlo.

Si Cervantes lo entregó con prisas y sin repasarlo para que el editor no se le escapara, si el corrector de la imprenta no tocó ni una coma y si el segundo corrector oficial ni lo leyó, así se entienden los errores cronológicos del texto y el famoso episodio del rucio de Sancho, que tan pronto había sido robado como aparecía más adelante, otra vez acompañando al escudero, sin explicación alguna. Es más, en el certificado del corrector oficial en el que se decía que el libro no tenía erratas, había dos erratas.

A mediados de enero de 1605, *El Quijote* salió a la venta con un precio de 8 reales y 18 maravedíes. Se fabricó en el papel más barato y burdo, el que elaboraban los monjes del monasterio de El Paular, en Segovia por aquel entonces (desde 1834 pertenece a la provincia de Madrid).

Con todas sus erratas y sus fallos, con su dedicatoria a un tipo que no lo merecía, impreso en el peor papel del mercado, a cambio de una birria de adelanto por los derechos de autor... el caso es que los primeros 1.000 ejemplares de *El Quijote* comenzaron a venderse aquel 16 de enero de 1605. Dos meses después estaba pirateado, y unos años más tarde, traducido al inglés, al francés y al portugués.

El primero en saludar la obra fue Francisco de Quevedo, Shakespeare la devoró y Lope de Vega, en su línea borde, dijo: «De poetas, ninguno hay tan malo como Cervantes ni tan necio que alabe a don Quijote».

El libro más chapucero jamás impreso acabó siendo, quizás, la obra más grande de la literatura universal.

Y Cervantes se murió sin carbón para el brasero.

Real Cárcel de Sevilla

Escribiendo entre las chinches

Si aceptamos que el lugar donde Miguel de Cervantes engendró uno de los más ilustres libros de la historia de la literatura fue la Real Cárcel de Sevilla, no estorba conocer qué condiciones sufrió el escritor durante sus meses de presidio y por qué llegó hasta allí.

Pero antes, una advertencia; más que nada por si algún lector ha visitado los lugares cervantinos y no le cuadran las cuentas. Sevilla da por hecho, y así lo recoge una placa conmemorativa, que Cervantes estuvo cautivo en su Real Cárcel en dos ocasiones. Una en 1598 y otra en 1602. La primera, efectivamente, fue entre octubre de 1597 y abril de 1598, pero el segundo encierro no existió, y así lo documentó el indiscutido cervantista Luis Astrana Marín.

A quienes defienden que Cervantes comenzó a escribir *El Quijote* en 1602, durante su supuesto segundo cautiverio en Sevilla, quizás cabría recordarles que, si esa época presidiaria no existió, difícilmente pudo don Miguel dar las primeras trazas al libro. Tuvo que ser, pues, en su encierro de 1597 y, teniendo en cuenta que *El Quijote* no se editó hasta 1605, ¿no son demasiados siete años de diferencia? A ver si no va a quedar más remedio que dar un voto de confianza (solo uno) a Argamasilla de Alba en su teoría de que el cautiverio que sufrió Cervantes en 1601 o 1602 fue en la Cueva de Medrano.

Da igual naciera donde naciera don Quijote (no nos metamos en ese berenjenal manchego), porque lo cierto es que Cervantes lo parió en una prisión y, en caso de que fuera la de Sevilla, no está de más conocer lo que por allí se cocía. Cervantes entró en aquella cárcel a cuenta de un delito que no fue tal: por no ingresar en las arcas del Estado el importe completo de una recaudación. El juez que le encarceló se llamaba Gaspar de Vallejo y era, además de un corrupto, un inepto, porque le impuso una fianza desorbitada si quería librarse de la cárcel. Para entendernos, el juez pidió a Cervantes 100.000 euros para cubrir una supuesta deuda de 50. Don Miguel escribió al rey intentando aclarar el error y Felipe II pidió al juez que reconsiderara la pena. No hubo forma. Cervantes cumplió siete meses de presidio.

La Real Cárcel de Sevilla parecía una casa de locos en donde —según cuentan— el alcaide y sus carceleros eran los mayores delincuentes que había de puertas para dentro. Visualicemos el panorama:

En la entrada principal se encontraba un escribano y un ayudante del alcaide. El escribano tomaba nota de cada nuevo preso que ingresaba y, cuando finalizaba el trámite, el ayudante del alcaide comenzaba un diálogo a voces desde la puerta principal con el guardián que custodiaba, al otro lado de un patio, una primera verja de hierro que daba entrada al infierno. El ingreso de Miguel de Cervantes debió de ser más o menos así:

Gritaba el funcionario: «¡Hooooola!».

Y respondía el guardián: «¡Hooooola!».

Volvía gritar el funcionario: «¡Allá va un preso!».

Y el guardián preguntaba: «¿Por qué?».

Y el primer funcionario daba el nombre del preso y el delito: «¡Miguel de Cervantes Saavedra, malversador de fondos de la Hacienda Real de Su Majestad el rey don Felipe II!».

Lo primero que se hacía era meter al preso con los delincuentes de peor calaña para animarle disimuladamente a que sobornara a los carceleros y que le buscaran una estancia mejor. Cervantes tuvo que untar a más de uno, porque de otra forma no se entiende que dispusiera de papel y tinta para dar los primeros plumazos de *El Quijote*. Por lo demás, hubo de sufrir lo que el resto: piojos, chinches y pulgas que campaban a sus anchas de camastro en camastro, mala comida que pagaba a precio de oro y agua sucia para lavarse.

Pese a todo, si admitimos que la cárcel de Sevilla fue donde don Quijote dio sus primeros pasos, nunca prisión alguna fue tan provechosa ni un juez torpe tan útil para la literatura. Quién sabe si el ingenioso hidalgo dormiría en lo más profundo de un tintero si Cervantes no hubiera acabado en presidio. De forma injusta o no, a estas alturas qué más da.

Cueva de Medrano

La mazmorra de la discordia

Como hemos visto, don Quijote fue engendrado en una cárcel. Se sabe, porque así lo dejó dicho Cervantes. Lo que no mencionó es qué cárcel tuvo el honor, porque a don Miguel le gustaba jugar al despiste. No le dio la gana aclarar cuál era «el» lugar de La Mancha al que se refiere en el comienzo, ni tampoco la prisión donde trazó los planes para su personaje. Tanta indefinición ha servido para que cervantistas y prestigiosos autores anduvieran a la greña durante cien años defendiendo una u otra cárcel como paritorio para el ingenioso hidalgo.

Quienes han mantenido que fue en la Real Cárcel de Sevilla no escatimaron insultos en sus escritos contra quienes sostuvieron que fue la Cueva de Medrano, en Argamasilla de Alba, donde Cervantes pasó su encierro. Insultos como «ignorantes», «incultos» y «hombres de mala fe» fueron habituales, aunque estos ignorantes se llamaran Azorín o Rubén Darío.

Cervantes visitó la cárcel más veces que al médico. Hay noticias de cuatro encierros. El famoso de Argel, otro en Castro del Río (Córdoba), y otros dos en la cárcel de Sevilla, pero uno de ellos ni está documentado ni resulta probable. Salvo su presidio argelino, siempre estuvo cautivo por asuntos fiscales y en España. Ahora bien, en Argamasilla de Alba, insisten en que el cuarto encierro fue allí, no en Sevilla, y no por cuestiones económicas.

Los contrarios a la tesis de Argamasilla se apoyan, entre otras cuestiones, en que esta aldea no tenía cárcel, circunstancia que efectivamente admiten los manchegos. Pero lo que sí había era una cueva bajo la casa de la influyente familia de los Medrano, que, cuando se necesitaba, servía de lugar de encierro. Según se entra en la cueva, a la izquierda, cuentan que estuvieron el camastro y el cepo, un gran palo de madera hincado en el suelo en el que permaneció engrilletado Cervantes durante siete días.

De ser cierto, no está claro si don Miguel acabó en esta improvisada cárcel por asuntos económicos o de faldas, por lanzarle un piropo a una guapa muchacha llamada Aldonza a la salida de la iglesia, y con la que, dicen, andaba en tratos. Esta moza era hermana del hidalgo Rodrigo de Pacheco, personaje de Argamasilla que inspiró a don Quijote, porque estaba un poco ido de la cabeza y, físicamente, era clavadito al caballero andante. Y por eso se explican también en Argamasilla que a Dulcinea Cervantes la bautizara como Aldonza Lorenzo, porque Aldonza era la joven con la que tonteaba el escritor. Así defienden los argamasilleros su teoría local.

Todo esto tiene difícil demostración documental, pero lo creyeron a pies juntillas Azorín y Rubén Darío cuando se dejaron caer por Argamasilla de Alba en 1905, durante la conmemoración del tercer centenario de la publicación de *El Quijote*. Tan convencido de ello estaba el escritor nicaragüense que, cuando le contaron que el palo de madera al que estuvo encadenado Cervantes lo utilizó la tía Martina para avivar un fuego y hacer arrope, escribió un artículo en el diario *La Nación* de Buenos Aires y llamó algo así como «vieja arpía» a quien se había atrevido a tal sacrilegio.

Al afirmar Cervantes que engendró *El Quijote* en una cárcel, donde «todo triste ruido hace su habitación», sirvió la polémica en bandeja. Quienes defienden que ese lugar fue Sevilla aseguran que esta frase deja claro que no pudo ser Argamasilla porque Cervantes quiso decir que en la cárcel había mucha bulla, y en el supuesto encierro manchego, al estar él solo, no había un maldito ruido que llevarse a la oreja. Pero en Argamasilla lo interpretan de otra manera: como en la Cueva de Medrano había un silencio absoluto, todo triste ruido hacía su habitación. Esto, vulgarmente, se llama en ambos casos arrimar el ascua a tu sardina.

Argamasilla y Sevilla defienden la estancia de don Miguel en sus cárceles con sendas placas. La única diferencia es que la Cueva de Medrano puede visitarse porque aún existe y en donde estaba la Real Cárcel de Sevilla ahora hay una entidad bancaria. O sea, que no intenten entrar porque pueden salir hipotecados.

La dedicatoria de *El Quijote*

A su rácana señoría

Hoy en día, y esto ya no se le escapa a nadie, las dedicatorias de los libros se resuelven en un par de líneas con frases como «a Fulanito o Menganita, que me ayudaron en tal o cual cosa o me soportaron las neuras propias del proceso creativo». Pero no siempre ha sido así. Antes, allá por los siglos XVI y XVII, la dedicatoria de un libro, un poema o una comedia se elegía cuidadosamente aunque el autor no conociera al sujeto al que se lo dedicaba. Raro… ¿no? Pues sí, pero es que de ello dependía que el escritor sacara unos cuantos ducados en premio a su deferencia. ¿Y a quién dedicó Cervantes la primera parte de *El Quijote*? Pues a un inepto que no se enteró entonces del honor que tuvo y que, por formar la dedicatoria parte inseparable del libro, continúa manteniéndolo sin merecerlo.

Mientras *El Quijote* iba tomando forma en Madrid, en la imprenta de Juan de la Cuesta, Cervantes buscó alguien a quien dedicar las aventuras de su ingenioso hidalgo. Se trataba de enredar a un noble con pasta que agradeciera con dinero contante y sonante haberle brindado el libro. Si la dedicatoria surtía el efecto deseado, eso le permitía al escritor conseguir algo más de dinerillo para seguir escribiendo; porque si ahora la mayoría de los autores no pueden vivir de vender libros, no es muy difícil imaginar cómo era antes, cuando sabían leer cuatro gatos mal contados. Pero el caso es que entre los escritores se pasaban datos de quién aflojaba el bolsillo: «Oye, que el marqués de la Villatondonia le ha dado tantos ducados a Lope de Vega por dedicarle tal obra», o «Cuidado con el duque de Frisifronia, que le dedicas un libro y no suelta un duro...».

A Cervantes se le ocurrió dedicarle *El Quijote*, en mala hora, al duque de Béjar. Dicen algunos cervantistas que lo hizo de mala gana, y otros que no, que lo hizo de mil amores. Pero así son los cervantistas, que discuten hasta por el mes en el que Cervantes se rascó una oreja. Don Miguel conoció muy poco o nada al duque de Béjar, pero probó fortuna porque tenía noticias de que había sido generoso con algunos escritores.

¿Quién era el duque de Béjar? Pues un tipo de unos veintisiete años, casado y con tres hermanas monjas, que atendía por don Alonso Diego López de Zúñiga y Sotomayor, y que adornaba su identidad con los títulos de conde de Balcázar y Bañares, vizconde de la Puebla de Alcocer, señor de las villas de Capilla, Curiel y Burguillos, marqués de Gibraleón y duque de Béjar. Pero el muchacho salió más bien apocado y no se distinguió en las armas y mucho menos en las letras.

Al parecer el duque, don Alonso, era más simple que el asa de un cubo. Cuando murió, en 1619, alguien dijo de él que se iría derecho al cielo, y otro le contestó que no, que el limbo había puesto pleito y lo había sacado de allí. Es decir, que listo no era y que lo cierto es que si estamos hablando de él es por *El Quijote*, no por su lúcida sesera.

Tuvo al menos la sensatez de aceptar la dedicatoria, porque esto era indispensable para dedicarle un libro a algún noble. Si al señor no le gustaba lo escrito o no consideraba conveniente el tema, podía rechazar el ofrecimiento del escritor. El duque de Béjar aceptó, aunque tampoco en esto los cervantistas se ponen de acuerdo. Unos dicen que le encantó el libro y otros que lo rechazó en un primer momento porque dañaba su reputación ver impreso su nombre al frente de un libro de caballerías.

Si el duque de Béjar agradeció o no la dedicatoria no lo sabemos porque no hay datos; pero todo apunta a que a Cervantes no lo benefició ni con un ducado. En el pecado lleva la penitencia, ya que cada vez que se menciona al duque de Béjar todos recuerdan su ruindad, su incultura y su bobería.

Cervantes debió de llegar en mal momento, porque antes que él le habían dedicado obras al duque de Béjar Luis de Góngora, Lope de Vega, Cristóbal de Mesa y Pedro Espinosa. Con ellos fue dadivoso, pero no con el pobre don Miguel. Adentrado el siglo XVII, llegó un momento en que ya no traía ningún beneficio dedicar los libros, porque los nobles no soltaban ni un ducado al esforzado escritor. Se quejaban entonces los autores de que tanto daba dedicar un libro a un duque o a un zapatero.

Baltasar Gracián criticó estas actitudes y alabó el atrevimiento de un escritor que, cansado de no recibir nada a cambio de sus escritos, acabó poniendo la dedicatoria a un duque en las primeras líneas de la fe de erratas.

En fin, que se hizo tan poco útil dedicar un libro a un noble que ya entenderán por qué ahora los autores solventan el asunto poniendo eso de «a mi madre». Porque madre no hay más que una y de nobles desagradecidos está el mundo lleno.

Ni don ni caballero

Titulitis quijotesca

Cervantes hizo una crónica tan extensa de la sociedad española de entonces, tocó tantos palos, que es imposible abarcarlo todo en un solo empeño. Pero un asunto que no se debe pasar por alto es el del tratamiento en aquella época de Cervantes y el Quijote. Porque la novela empieza con un protagonista que no tiene don, sino que se llama señor Alonso Quijano; continúa con un tal don Quijote que la lía parda y, al terminar, cuando muere, ha vuelto a perder el don. Antes de soltar su último suspiro dice eso de «yo fui loco y ya soy cuerdo: fui don Quijote de La Mancha y soy agora, como he dicho, Alonso Quijano el Bueno». (Y sí… al final el protagonista muere. Ya sabrá perdonar el lector que destripemos el final de la novela. Me niego a decir *spoiler*).

¿De dónde venía eso de tratar a alguien como señor?, ¿cuándo se le ponía el «don» por delante?, ¿cuándo se le retiraba?, ¿qué pasaba con el «vos»?, ¿a qué venía el «vuesa merced»? Ahora nos gusta el tuteo según con quién y en qué situación, porque nos sentimos más cercanos, más cómodos y más jóvenes. Con frecuencia, si nos dicen: «Señora, ¿tiene usted hora?», respondemos: «Pues sí que la tengo, pero no te la doy, por haberme echado encima veinte años con el dichoso señora». Pero eso lo podemos hacer ahora, en estos tiempos en los que elegimos cómo nos tratamos. Ojo, sin embargo, con el tratamiento que dabas a alguien en los siglos XVI y XVII, porque te sacaban la espada por menos de nada...

Don Quijote cometió muchas insensateces en su ajetreada vida andante. Las dos primeras fueron considerarse caballero y arrogarse el tratamiento de «don» sin encomendarse a nadie. Porque don Fulano o don Mengano no se podía llamar cualquiera, y mucho menos siendo pobre. Antes de que don Quijote perdiera la cordura, en su aldea lo conocían como señor Quijana o Quijano, porque a esto era a lo máximo que podía aspirar un hidalgo tan venido a menos como él.

Hasta el siglo XIV, el tratamiento de don, que procede del latín *dominus*, adornaba solo el nombre de los reyes, pero a partir del siglo XV los soberanos otorgaron este tratamiento a duques y muy grandes señores. Aquello comenzó a extenderse descontroladamente y, al poco, ya cualquiera se ponía el don por delante. Don Quijote no iba a ser menos.

Este asunto lo recogió con mucha guasa el escritor José Cadalso en sus *Cartas marruecas*, consideradas una obra maestra de la literatura española del XVIII; una novela compuesta por noventa cartas que escribe un joven marroquí sobre las costumbres y la cultura de España. Una de esas cartas, la número ochenta, está precisamente dedicada al uso y abuso del don y escrita con mucha retranca: «Don es el amo de una casa; don, cada uno de sus hijos; don, el dómine que enseña gramática al mayor; don, el que enseña a leer al chico; don, el mayordomo; don, el ayuda de cámara; doña, el ama de llaves; doña, la lavandera. Amigo, vamos claros: son más dones los de cualquiera casa que los del Espíritu Santo». José Cadalso cuenta que quienes merecían llevar el don intentaron diferenciarse de los advenedizos poniéndose por delante del nombre «señor don». Decía Cadalso que si a esta moda también se apuntaban quienes no merecían el «señor don», acabaría siendo preciso decir «don señor don», de tal forma que, en el futuro, iría creciendo el número de los «dones» y los «señores» y las gentes dejarían de hablarse las unas a las otras por el tiempo que se perdería miserablemente en repetir el «señor don» tantas y tan inútiles veces.

Había que tener mucho cuidado con los tratamientos por aquel entonces, ya que por menos de nada te exigían cuentas echando mano a la empuñadura de la espada. A los iguales, cuando no había una estrecha amistad, había que tratarlos de «vuestra merced» o «vuesa merced», que era más común. El «vos» solo se usaba con los inferiores, la familia y los iguales con los que se tuviera mucha confianza. Pero a un caballero, un inferior no osaba tratarlo de vos ni en broma, porque se jugaba el pescuezo. Era una afrenta, un insulto. Lope de Vega se refirió a ello y dijo que prefería oír un vos antes que escuchar mala poesía.

Nadie espere encontrar un «usted» en *El Quijote*, porque este término no comenzó a usarse en España hasta 1620, por eso Cervantes no lo incluye ni una sola vez entre las 378.591 palabras que dan forma al libro. Don Quijote se dirige a su escudero Sancho con el vos, y Sancho al caballero con vuesa merced. Y, por cierto, los dos tratamientos están usados el mismo número de veces a lo largo de la obra: en 203 ocasiones.

Y si don Quijote se puso por las buenas el don, otro tanto hizo con eso de llamarse caballero. No lo era. Un verdadero caballero, por supuesto, tenía que ser hidalgo, pero un hidalgo no siempre alcanzaba la categoría de caballero. Había que contar con suficientes tierras y las necesarias riquezas, y así y todo un caballero solo llegaba al nivel más bajo de la nobleza, porque carecía de título. Un hidalgo no era caballero, ni olía la nobleza. Nada había por escrito que diferenciara a unos de otros, pero la calidad de vida y el poderío económico eran suficientes para poner a cada uno en su sitio.

Un autor del siglo XVII escribió que un verdadero caballero era aquel que tenía de dos mil maravedíes para arriba, porque este dinero le permitía sustentar un caballo y acudir con armas a servir al rey. Queda claro que don Quijote ni tenía esa renta ni mucho menos podía sustentar una montura, porque *Rocinante* no era caballo, sino la radiografía de un suspiro, y las armas con las que podía servir al rey eran poco menos que ridículas.

Continúa el mismo autor diciendo que había otro género de caballeros que eran sombra de estos, a los que les faltaba la renta, el linaje y la reputación. Los que se creían que montar un caballo, vestir, comer, jugar con caballeros y andar como caballeros los convertía en caballeros.

Y no hace falta remontarse al XVII. Seguro que al leer esto tienen a alguien en la cabeza que presume de lo que no es y, encima, también se pone el «don» por delante.

Con la Iglesia hemos dado, Sancho

Más frailes que longanizas

Nadie duda de que Cervantes fuera un cristiano como Dios manda (no le quedaba más remedio que serlo), y mucho menos se discute la devoción de don Quijote y Sancho (como si su creador hubiera tenido otra opción). Así que, sí, Cervantes sería muy católico, pero el caballero y su escudero no pisaron una iglesia en todas sus aventuras. En La Mancha de aquel siglo XVII lo que no faltaba allá a donde se encaminara uno eran monasterios, iglesias, capillas, ermitas o cruces consagradas en los caminos, pero el hidalgo y su ayudante pasaron de largo de todos ellos.

Solo en el momento de mayor ataque de locura de don Quijote, vagando medio desnudo por Sierra Morena, decide echarse unos rezos con un rosario artesanal que se fabrica con una gran tira de las faldas de su camisa, a la que le practica once nudos para no perder la cuenta de la oración. Un millón de avemarías tenía intención de rezarse, y como este número tan desproporcionado debió de sonar a pitorreo cuando se publicó la primera edición, en las sucesivas se suprimió de un plumazo.

Pese a todo, Cervantes dejó muchas salpicaduras en su obra que permitieron no dudar de la religiosidad del ingenioso hidalgo, pero lo hizo con suficiente habilidad como para contentar a los censores, porque lo cierto es que, a veces, no se sabe si el escritor va o viene en asuntos religiosos. Si alguna frase de don Quijote sobrevive de boca en boca es esa de «con la Iglesia hemos dado, Sancho», que vaya usted a saber con qué intención la escribió Cervantes, aunque sí sabemos el propósito con el que la utilizamos hoy. Porque tiene retranca. Solo Cervantes sabe si don Quijote se dio de bruces con el edificio o con la institución. Los lectores solo pueden sospecharlo.

Algunos cervantistas no permiten que se dude de la ortodoxia de Cervantes, pero el escritor no era ciego, ni sordo ni mucho menos ajeno a la situación de la España que le tocó vivir. Si Felipe II dejó un país al servicio de la Iglesia, su hijo, el lerdo y mal gobernante Felipe III, empeoró la situación a tal extremo que hasta los eclesiásticos tuvieron que admitir que sobraban curas y monjas en España.

La Iglesia de aquellos siglos salvaría muchas almas, pero causó gravísimos perjuicios a la España rural. Demasiados curas, demasiadas monjas, demasiados frailes. Demasiado interés, en fin, por ingresar en la nómina de la Iglesia, porque allí no faltaba qué comer.

El rey y la reina fundaban conventos y monasterios por doquier, y en eso los imitaban los nobles señores. De todas las provincias eclesiásticas de la monarquía hispánica, la de Toledo (justo por la que deambularon el escudero Sancho y su señor don Quijote) es la que se llevaba la palma por superpoblación religiosa, aglutinando aproximadamente un 40 por ciento de todos los párrocos, frailes, monjas, ordenados menores y demás variedad clerical de España. Y si tomamos como referencia el casco urbano de Toledo, allí se asentaban 23 casas de monjas y 14 de frailes, lo que significa que para una población de 53.000 personas, tocaban a un sacerdote por cada 38 vecinos. En Castilla había un promedio de tres ermitas por cada pueblo y solo la ciudad toledana llegó a tener veinte. Este bombardeo de cifras viene a intentar demostrar que don Quijote debió de toparse también con ermitas sin que nos enteráramos. O con monasterios, porque La Mancha tuvo no menos de doce conventos franciscanos. Tan grave sería la situación que hasta el Consejo de Castilla pidió al rey que frenara la fundación de nuevos monasterios y que suprimiera algunas fiestas de guardar para poder trabajar más y sacar el país adelante.

España atravesaba su peor crisis y solo se podía salir de ella a fuerza de trabajo. El que cientos de miles de hombres y mujeres se dedicaran a la vida contemplativa no ayudaba a tirar de un país, y a ello se añadió la trágica expulsión de los moriscos por su inadaptación a la religión católica. O sea, que tanto eclesiástico con misión evangelizadora no logró sacarles a Alá de la cabeza.

Así que solo hay que echar cuentas para entender la depresión que atravesaba la España rural y la despoblación que sufría el campo: si la ingente mano de obra que aportaban los moriscos desapareció de la noche a la mañana —algunos lugares de La Mancha quedaron absolutamente despoblados—, si una enormidad de población eclesiástica solo entretenía el tiempo en rezar y evangelizar, si la peste se llevó por delante a miles de almas y si otras miles estaban ocupadas en campañas guerreras fuera del país, la pregunta es: ¿quién trabajaba en España?

Pues como diría un amigo, en España trabajaban dos y uno de ellos estaba de baja por depresión.

Galeotes

Cómitres, bogavantes
y guarrerías

Si tiene ganas de pasar un buen rato, abra *El Quijote* por el capítulo 22 («De la libertad que dio don Quijote a muchos desdichados que mal de su grado los llevaban donde no quisieran ir»). Le servirá al lector, además, para conocer de qué forma tan interesada se aplicaba la justicia en aquellos años. Porque lo que menos importaba entonces era rehabilitar al delincuente; es más, llegó un momento en que lo que interesaba es que hubiera muchos delincuentes para enviarlos a galeras.

Los galeotes tenían que remar. En el agua o en la mina; concretamente en las minas de Almadén (Ciudad Real). Uno cree que solo se puede remar en los lagos, los mares o los ríos, pero no. La segunda acepción del diccionario dice que remar es «trabajar con continua fatiga». Da igual si se hace con un remo o con pico y pala. La condena a servir en las minas de Almadén para la extracción del cinabrio acabó siendo expresa; es decir, era una pena para servir específicamente en esas minas. Aquel castigo estaba tan unido al de galeras que las sentencias afirmaban que se castigaba «al remo sin sueldo en la real mina y pozo de los azogues en Almadén»; y que se condenaba a las «galeras y crujía de la villa de Almadén», que era diferente a las galeras de agua.

Y eso era lo peor que le podía caer a un condenado, el servicio en las minas de Almadén. Era lo más temido porque morían a chorros: de cada cien presos podían sobrevivir a su condena, como mucho, veinte.Y el que no moría salía con la cabeza perdida por las inhalaciones. Mientras esperaban sentencia, los procesados cruzaban los dedos rogando «que no me caiga Almadén, que no me caiga Almadén…».

Esto no quiere decir que el remo acuático fuese mucho mejor, porque tampoco quedaban muchos vivos tras la experiencia. Los galeotes que salieron mejor parados fueron, precisamente, los que liberó el caballero de la triste figura en una de sus quijotadas más sonadas y en la que pasó lo que tenía que pasar: en cuanto los dejó libres, los condenados acabaron revolviéndose contra sus libertadores y la emprendieron a pedradas con don Quijote y Sancho. Hasta *Rocinante* recibió estopa.

En la época de Cervantes a uno lo mandaban a galeras por menos de nada. Estornudabas en la dirección equivocada y ya les dabas la excusa perfecta para que te tuvieran dale que te pego al remo un mínimo de dos años en las naves de la Corona. Se necesitaban tantos brazos para mover los barcos que la condena para casi todos los delitos era remar, remar y remar. Los castigos a azotes y galeras eran tan comunes que quedaron como frase hecha para designar la escasa variedad de la comida normal. Si en una casa se comía sopa con un poco de tocino, y al día siguiente había de nuevo sopa con tocino, y al otro también… la pregunta quejumbrosa era: «¿Otra vez azotes y galeras?».

Nunca un monarca estuvo tan contento con los altos índices de inseguridad ciudadana en su reino como Felipe II, que cuando la delincuencia bajaba se llevaba un disgusto. En realidad, los galeotes eran criminales al servicio de la Corona y eran sus brazos los que movían la Gran Armada española. Sin ellos no habrían sido posibles victorias como la de Lepanto. El rey llegó a tales extremos con su avidez de galeotes, que en varias ocasiones metió prisas a la justicia para que las condenas fueran rapiditas y sin posible apelación. Hasta llegó a premiar con dos ducados al alguacil que prendiera a algún delincuente que pudiera ser condenado a galeras.

Naturalmente, todos los barcos llevaban velas, pero como Felipe II echó el resto en la expansión por el Mediterráneo, en esas aguas más tranquilitas los vientos no siempre arreciaban como para mover las naves. Por ello, cuantos más galeotes hubiera, mejor se aseguraba el avance de la flota. En aquellos momentos, la aplicación de la justicia estaba al servicio de los intereses del rey; es decir, la pena tenía que ser útil a la monarquía. Dicho más claro aún, era rentable condenar a galeras.

Felipe II, no obstante, no tiene el *copyright* de las condenas a galeras. La Corona de Aragón fue la pionera en utilizar a convictos para remar en cuanto se percataron de que las penas aplicadas no eran eficaces: allí a los ladrones se les cortaban las orejas, una o las dos, dependiendo de lo que hubieran hecho. Hasta que las autoridades pensaron que era una tontería tener por ahí a los ladrones desorejados cuando era mucho más útil mandarlos a galeras.

La primera legislación sobre el particular es de 1530, bajo el reinado de Carlos V, cuando se facultó a los jueces a conmutar las condenas de destierro o las mutilaciones corporales por un servicio temporal en galeras. A partir de la época del emperador, cuando las sentencias acabaron reduciéndose prácticamente solo a azotes y galeras, la condena a remar fue el «destino» estrella del sistema penal de los Austrias.

En la Castilla de Cervantes, las cárceles depositarias de galeotes eran las de Soria y Toledo. Allí aguardaban su suerte hasta que emprendían camino hacia el puerto donde les tocara embarcar. A patita, claro, y con grilletes. Cuando salían de la cárcel, se les hacía confesar y comulgar y se le daba un par de alpargatas a quien no tuviera. Por lo general marchaban doce galeotes encadenados, acompañados de un alguacil, seis guardias y un acemilero, que era el tipo que llevaba una mula. Pero los galeotes con los que se encontró don Quijote iban poco custodiados, porque eran doce choris solo escoltados por el alguacil y cuatro guardias. Los que saben de esto dicen que puede haber dos explicaciones: una, que Cervantes decidiera que fueran menos guardias como recurso para justificar que Quijano pudiera liberarlos fácilmente; y la otra explicación tiene más que ver con la picaresca, porque el alguacil recibía una paga por custodiar a los galeotes y el dinero con el que pagar a los seis guardias que los acompañaban. Si solo contrataba a cuatro escoltas, se quedaba con la paga de los otros dos.

Las últimas condenas a galeras de los tribunales españoles están documentadas en 1803, principios del siglo XIX, aunque a mediados del XVIII ya comenzaron a dejar ver su escasa utilidad militar dado que la Armada española se movía sobre todo por el océano y, más allá del empleo de la fuerza bruta, se había avanzado un poquito en técnicas de navegación. De los astilleros continuaron saliendo galeras, pero muy pocas.

Fue Felipe V quien eliminó la pena de galeras; Carlos III, el que volvió a ponerla, y Carlos IV, quien la suprimió definitivamente. Ahora bien, cuando flojeó el envío de convictos a galeras, no creamos que los presos se quedaron viviendo de la sopa boba tumbados en una cárcel o charlando con alguien preocupado por su rehabilitación y reinserción en la sociedad. Les buscaron otros trabajos, y fue entonces cuando algunos comenzaron a echar de menos que los hubieran condenado a galeras. La única explicación posible es que siempre se quiere lo que no se tiene, porque cuando se informa uno de cómo era la vida a bordo de un galeote, no se puede imaginar nada peor.

Es difícil concebir lo que debió de ser aquello. Solo leyendo cómo era el día a día de los galeotes durante los dos, cinco o diez años de condena, ya acabas mareado perdido. Pero no de ese mareo de mar, que es de los peores mareos del mundo, sino de asco. Enseguida comprobaremos que no hay vida más guarra que la del galeote.

El rey Felipe II, ya ha quedado dicho, sufría de ansia viva de galeotes, que diría José Mota. Los necesitaba a puñados porque muchos morían y había que sustituirlos. Antes de que llegara la fiebre de reclutar galeotes, además de esclavos berberiscos y turcos que eran condenados de por vida a estar agarrados a un remo, los había voluntarios: se llamaban «buenaboyas», pero el tiempo demostró que no eran suficientes en número. Y tampoco hay que engañarse: mejor tener un galeote gratis que un buenaboya cobrando. Las galeras no se usaban solo para batallar a lo grande, también se empleaban para escaramuzas contra los piratas berberiscos, que se pusieron muy pesados y obligaron a desplegar una vigilancia constante a lo largo de todo el Mediterráneo, desde Cataluña hasta Cádiz. Debe de ser por eso por lo que la llamaron Armada de la Guarda de las Costas de España. ¿Y quién movía todo eso, Mediterráneo arriba, Mediterráneo abajo? Pues los galeotes, que estaban en la parte de abajo de la galera dale que te pego.

El galeote siempre estaba en la galera, de la que no salía a no ser que estuviera enfermo. Muy enfermo. Una vulgar gastroenteritis no valía para que te desembarcaran y te llevaran al hospital. Si la galera no estaba de patrulla, si estaba amarrada en puerto, el galeote se quedaba en su puesto, en su banco, engrilletado en su cárcel, en su galera. O mejor dicho, el mar era la cárcel del galeote y la galera, su celda. El condenado estaba permanentemente encadenado. Menudo trabajo hubiera supuesto estar embarcando y desembarcando galeotes para llevarlos de la cárcel a la galera y de la galera a la cárcel...

Este obligado sedentarismo lleva emparejado, irremediablemente, una existencia entre guarrería. Como no podían estar desencadenando a los condenados cada vez que uno tenía que ir a hacer pis, se puede uno imaginar cómo olía una galera. Algo que parece claro que no preocupaba a las autoridades, porque estas condiciones se mantuvieron hasta mediados del XVIII.

En Cartagena, cuando los barcos no tenían que salir a pegarse con nadie, estaban amarrados en el puerto y los galeotes, amarrados en el barco, y como no era plan tener un montón de tíos mano sobre mano dentro de las galeras, los pusieron a trabajar en la construcción del Arsenal de Cartagena; o sea, que todos los días tenían que desplazarlos desde las embarcaciones hasta los lugares de trabajo, lo que dio lugar a muchas protestas tanto por el mal olor que estos despedían como por la peste que salía de las galeras usadas como alojamiento.

El hedor debía de ser tal que, aunque el viento marino dispersa los aromas, dicen que incluso en alta mar podía detectarse la presencia de una galera. Pero de esto no se le puede echar la culpa a los galeotes, sino a las condiciones de la condena.

En cada galera iban entre cien y ciento cincuenta galeotes, que venía a ser como el 75 por ciento de todos los hombres a bordo. Ellos eran la fuerza bruta, los que movían la nave, y por eso sumaban la mayoría. Había unos veinticinco bancos a babor (izquierda del barco mirando a proa) y otros tantos a estribor. En cada uno de ellos había cuatro, cinco o seis hombres encadenados y dándole al mismo remo todos a la vez siguiendo las órdenes del cómitre, que era quien dirigía la maniobra y arreaba los latigazos. Por lo general, el cómitre era un tipo con mala leche que obligaba a los galeotes a ir sin camisa para que los latigazos dolieran más.

Y eso nos lleva a preguntarnos por la indumentaria de aquellas pobres criaturas convictas. Al principio, cuando salían del puerto, debían de ir muy guapos, uniformados y todo, pero al cabo de unos días eran ya unos desastrados. Se supone que al embarcar les daban dos camisas, dos pares de calzones, una almilla colorada —que era una especie de chaleco muy pegado al cuerpo—, un capote para el frío, un gorrito también colorado y un par de zapatos. Pero esto es lo que se supone; lo que les dieran de verdad es otro cantar. Si alguien se está preguntando si había forma de mantener esa ropa limpia, pues no... que se olvide. Un cronista de la época escribió que la ropa interior de un galeote se lavaba «con el sudor que manaba de los cuerpos», o sea, sencillamente se pudría puesta. Y lo peor eran las consecuencias de los mareos. Como el mareo de mar es terrorífico, recomendaban a los galeotes que los días previos a embarcar olieran mucho el mar, pero que no lo miraran, y que comieran poco. Daba igual; por muchas precauciones que tomaran en tierra, en cuanto embarcaban se les iba la vida por la boca y lo ponían todo perdido.

Pese a tanta mugre y tal variedad de inmundicia, la galera la limpiaban una vez al mes. Baldeaban la cubierta, fregaban y, cuando se ponían finos, incluso la perfumaban. Restregaban romero por las maderas para dejar buen olor, y así se supone que tenía que aguantar hasta el mes siguiente. Lo cierto es que acostumbrarse a vivir entre tanta guarrería trajo como bondad que el galeote se reforzara y creara muchas defensas. Los tripulantes y los condenados de una galera estaban preparados para aguantar piojos, chinches, sarna y pulgas; un humano de hoy en día estaría frito en media hora.

La apariencia del galeote se completaba con un buen corte de pelo que los identificara como tal. Los pelaban al cero para, en primer lugar, evitar que se les empadronaran los piojos y, en segundo, para que, si lograban escapar, se los pudiera reconocer de inmediato como fugados. Esto por lo que respecta a los cristianos, porque el *look* de los galeotes musulmanes variaba: el pelo no se cortaba al cero, sino que les dejaban un mechón largo por respetarles su creencia de que, si morían, seguramente ahogados, los ángeles podrían tener de dónde agarrarlos para llevarlos al paraíso. Una de las muchas y variadas películas *post mortem* que se montan los humanos.

Si la galera se iba a pique, extremo más que probable en las naves de guerra, a veces aparecía un alma caritativa que desencadenaba a los galeotes para que se apañaran e intentaran salvarse, pero esto no ocurría muy a menudo. Normalmente aquello era un «sálvese quien pueda» y como pueda. Pero, aunque tuvieran esta segunda oportunidad, a la mayoría le daba exactamente igual que los soltaran porque no sabían nadar, así que lo más normal es que, desencadenados o no, acabaran en el fondo con la galera.

En mitad de la batalla los galeotes se llevaban la peor parte, porque además de recibir cañonazos sin poder moverse del sitio, durante las maniobras de ataque el esfuerzo que tenían que hacer era sobrehumano. Que si ahora todo a babor, que si luego todo a estribor... Eso sí, ellos eran los primeros interesados en remar muy bien para salvar el pellejo. Si venía el enemigo, no hacía falta animarlos; en ese caso remaban como locos. Y además sabían hacerlo, pero no porque les dieran cursos subvencionados de formación en remo. Precisamente la condena a galeras era de un mínimo de dos años porque se suponía que uno te lo pasabas en prácticas, aprendiendo a bogar... lo que viene a ser el galeote becario. En un banco de remeros había uno que era el que más sabía, llamado «bogavante» (no hay que confundirlo con el que se echa al arroz), y luego otros cuatro que aportaban la fuerza bruta, entre ellos el becario. Por último, y para rematar la nomenclatura de estos remeros forzados, el conjunto de todos los galeotes recibía el nombre de «chusma».

Alrededor del 20 por ciento de esa chusma moría antes de recuperar la libertad. Si no los mataba el enemigo, los mataba la guarrería.

Cervantes viajó muchas veces en galera, convivió con la chusma y con toda aquella suciedad. Mostró mucha delicadeza y finura al escribir *El Quijote*, pero a bordo debía de ser tan guarro como los demás. Porque las condiciones higiénicas de los galeotes eran tremendas, pero las de la soldadesca que viajaba arriba no eran mejores, y eso que ellos, a diferencia, no iban encadenados.

El morisco Ricote

Siempre llorando por España

Si algún asunto cervantino ha traído tanta cola como el enigmático lugar de La Mancha, la cárcel en la que se engendró *El Quijote* o si los duelos y quebrantos llevaban o no sesos de cordero, ese el de los moriscos. Los estudiosos no se han puesto de acuerdo sobre la postura que mantuvo Cervantes respecto a la expulsión de estos cristianos nuevos. Españoles viejos porque hundían las raíces muchos siglos atrás, pero cristianos nuevos porque el bautismo lo recibieron tras la Reconquista y bajo amenaza de destierro.

Veamos una frase del morisco Ricote, en una conversación con Sancho en el capítulo 54 de la segunda parte: «Con justa razón fuimos castigados con la pena del destierro, blanda y suave al parecer de algunos, pero al nuestro, la más terrible que se nos podía dar. Doquiera que estamos, lloramos por España; que, en fin, nacimos en ella y es nuestra patria natural». Este lamento ha servido para que, según unos, quede demostrado que Cervantes aplaudió la decisión de expulsar a los moriscos; para que, según otros, esté perfectamente claro que rechazó el bando real de expulsión; para que un tercer grupo mantenga que primero le gustó la idea y luego se arrepintió, y que otro más diga que nunca aceptó la expulsión y que mantuvo cierta ambigüedad porque… a ver qué iba a hacer viviendo en la corte del rey que ordenó tan cruel medida.

Para justificar la expulsión de los moriscos se alegó falta de seguridad en el país, cuando en realidad era una falta de adaptación social y religiosa. Como Cervantes pasaba por ser un devoto indudable, se da por hecho que, en defensa del cristianismo, alabó la expulsión de los falsos conversos. Falsos porque abrazaron la religión católica a la fuerza para no tener que abandonar su país, aunque rezaban con la boca pequeña y mantenían sus costumbres mahometanas de puertas para dentro. Es lo que suele ocurrir cuando la religión se impone, no se propone.

Luis Astrana Marín —que como cervantista será incuestionable, pero como xenófobo fundamentalista no tiene precio cuando se refiere a los moriscos como «mísero residuo y sombra de los árabes»— considera indiscutible que Cervantes apoyó la expulsión, aunque rechazó los métodos empleados. Murió convencido de que Cervantes pensaba como él: que los moriscos eran gentes de extraña jerga lingüística, o sea, que hablaban árabe; de ajenas costumbres, entre otras, que se lavaban todos los días; que las ciencias y las artes no les debían nada y que no contribuyeron con un solo hombre a la población del Nuevo Mundo. Los dejó pringando.

Otra cuestión que divide a los expertos es la razón que movió a Cervantes a elegir el apellido Ricote para dar identidad al tierno morisco de su obra. Los más vehementes defienden que se inspiró en el mismo lugar de donde extrajo los apellidos de don Quijote y de Dulcinea: Esquivias, el pueblo donde Cervantes vivió con su mujer. Allí existen las partidas de defunción de tres Ricotes, miembros de una de las doce familias moriscas que llegaron huyendo de Granada. Estas familias corrieron la misma suerte que el resto de los moriscos de España; fueron expulsadas cuando llegó la hora y Cervantes vivió tal acontecimiento, quizás por ello les brindó su particular recuerdo.

Quienes porfían en que esto no fue así, defienden que para el apellido Ricote se inspiró Cervantes en el valle del mismo nombre de la vega del Segura, en Murcia, porque aquel fue el último reducto morisco del Levante español. O quizás se trató de una mezcla de ambas cosas, una coincidencia entre el nombre del valle del Segura y la familia de Esquivias que el autor de *El Quijote* aprovechó porque contaba con todos los datos.

No es un secreto que cualquier asunto cervantino da la perfecta excusa a los expertos para discutir. Si Cervantes se dejó perilla en vez de optar solo por el bigote, en algún lugar habrá alguien que intentará explicar por qué. Sea como fuere, el morisco Ricote quizás fue un mal cristiano, pero demostró ser un buen español.

Mambrino, yelmos y barberos

La bacinilla mágica

Mambrino, yelmo y bacía son un todo indivisible. Mambrino no fue nadie sin su yelmo, un barbero no era nada sin su bacía y don Quijote no alcanzaría a ser caballero andante sin el yelmo de Mambrino con forma de bacía de barbero. Como esto es un galimatías, no queda más remedio que explicar quién fue Mambrino, qué era un yelmo y por qué los barberos llevaban bacía.

Mambrino fue un rey moro, creado por Mateo Boiardo en la novela de caballerías *Orlando enamorado,* que iba siempre tocado con un yelmo encantado que le hacía invencible. Invencible hasta que tuvo que verse las caras con Reinaldo de Montalbán, que le quitó la vida y, de paso, le birló el yelmo. La novela *Orlando enamorado* tuvo continuidad en *Orlando furioso*, escrita por Ludovico Ariosto, y en esta segunda parte, Reinaldo de Montalbán se mantuvo invulnerable gracias al yelmo que le robó a Mambrino. Es más, hubo un sarraceno insensato llamado Dardinel de Almonte que intentó matar a Reinaldo arreándole un espadazo en el yelmo encantado. Adivinen quién murió. Ese mismo, Dardinel. No hay que hacer caso cuando don Quijote nos cuenta que el yelmo de Mambrino le costó caro a Sacripante. Fue un lapsus. Don Quijote quiso decir Dardinel, pero tanto caballero andante le tenía el cerebro licuado.

La brillante bacía que el barbero llevaba sobre la cabeza hizo creer a don Quijote que aquel era el yelmo de Mambrino que lo convertiría en invencible. La utilizaba el cirujano-barbero para el afeitado o para la flebotomía, situando la escotadura en el cuello o en el brazo.

Hasta aquí la razón por la que don Quijote buscaba desesperadamente al caballero a quien arrebatarle el yelmo de Mambrino: quería ser invencible. Pero entre el rey moro Mambrino y un barbero hay un trecho; y entre un yelmo y una bacía, dos.

Casco, almete, celada, armadura para la cabeza o yelmo, pero no bacía. La bacía tenía un uso bastante alejado de la caballería andante. Era un instrumento de cirujano barbero con una doble utilidad: para afeitar, cuando se empleaba en su faceta de barbero, y para hacer sangrías cuando se le requería como cirujano. Las sangrías, por cierto, nada tienen que ver con las que emborrachan.

Visualicemos una bacía. Es como si fuera el sombrero de un picador al que le han pegado un bocado en el ala. Si la bacía se coloca boca abajo y encajada en la cabeza, parece un sombrero, pero si se pone del derecho es una especie de plato hondo con una escotadura en un lado. Quien iba a ser afeitado por el cirujano-barbero, sujetaba la bacía con las manos y se la pegaba al cuello por la parte de la escotadura, mientras el fígaro hacía la espuma en la parte honda e iba afeitando al paisano. Si, en cambio, el afeitador era reclamado como sangrador, para realizar una flebotomía, la bacía se ajustaba al brazo por la escotadura y en el recipiente cóncavo central se iba recogiendo la sangre. Por ello recibían también el nombre de barbero-sangrador, aunque eso de sangrador sea un término muy desafortunado para unirlo al de barbero, al menos a oídos de hoy en día. Antes sonaba igual de mal que ahora, pero la clientela debía de ser poco o nada remilgada si nos remitimos a las técnicas publicitarias que empleaban estos profesionales: cuando Enrique VIII de Inglaterra otorgó permiso al médico Thomas Vicary en 1540 para fundar el Gremio de Barberos y Cirujanos de Londres, el diseño del cartel era un tipo con un cuchillo en una mano y unas tijeras en la otra.

Queda claro, pues, que los cirujanos-barberos servían para un roto y para un descosido; para empinar unos bigotes y para sacar una muela; para recortar una perilla y para entablillar una pierna; para dejar una barba en mosca y para reparar una hernia. Bien conocía esto Cervantes, puesto que su padre fue cirujano-barbero, y ya que la bacía fue un utensilio que vio en casa desde siempre, le inspiró para que don Quijote se lo arrebatara a aquel cirujano-barbero con el que se cruza en el capítulo 21 y que llevaba puesta su brillante bacía para protegerse de la lluvia. Don Quijote solo atinó a ver el anhelado yelmo del invencible Mambrino sobre la cabeza de aquel barbero ambulante.

Rodrigo Cervantes quiso ser médico, como su abuelo materno, pero su sordera se lo impidió. Tuvo que conformarse con el oficio de cirujano-barbero para el que solo había que pasar un ligero examen ante un protomédico, que no era otra cosa que un médico con estudios de verdad. El protomédico examinaba al aspirante a cirujano-barbero para ver si sabía hacer apaños menores como curar una luxación de codo, heridas, sangrías, extracción y blanqueamiento de dientes, fracturas, úlceras, cataratas, cálculos, hernias...

Con su carta de examen aprobado en el bolsillo, los barberos recorrían los caminos, pero también tenían su propio establecimiento cuando no andaban de la Ceca a la Meca; un local que se reconocía por un madero rojo y blanco que se colgaba en la puerta. El madero tenía una clara utilidad: cuando un barbero realizaba una sangría a un paciente, le hacía apretar fuertemente un palo redondo para que las venas se hincharan y la sangre fluyera mejor. El palo estaba teñido de rojo por razones obvias. Cuando el barbero volvía a su barbería, colgaba el palo en la puerta y lo envolvía a intervalos oblicuos con una gasa blanca, la que se usaba para vendar los brazos sangrados. Colgar este madero blanco y rojo acabó siendo la seña de las barberías y se convirtió en el símbolo del gremio de barberos-cirujanos. Más tarde, cuando se separaron los dos grupos, los barberos, más avispados que los cirujanos, se quedaron con el logotipo. El pomo dorado que luego se añadió encima del poste representaba la bacía.

Y ahí queda la conexión entre yelmo y bacía, entre Mambrino y barbero; uno, caballero andante y el otro, andarín, unidos para siempre por el mismo lance: cruzarse en el camino de don Quijote de La Mancha.

La aventura del cuerpo muerto

Difuntos van, difuntos vienen

Imaginen que atraviesan un campo manchego en noche cerrada. Imaginen que hacia ustedes avanzan siniestros personajes enlutados y con hachas encendidas. Imaginen que en el silencio retumban letanías y oraciones murmuradas. Si estuvieran en Galicia, pensarían que se van a cruzar con la Santa Compaña, pero como donde están es en La Mancha, lo más prudente sería echar a correr en dirección contraria, que es exactamente lo que habría querido hacer Sancho si su señor no le hubiera convencido de que aquella sería la más grandísima y peligrosísima aventura jamás brindada a un caballero andante.

Cervantes la tituló «La aventura del cuerpo muerto», que dicho más finamente era la traslación de los restos de un difunto, algo muy habitual en aquellos siglos cuando el muerto era un santo o un pecador con suficiente dinero como para pagar a una compañía de frailes que lo llevaran al lugar de enterramiento elegido en solemne procesión.

Cervantes no solo tomó la idea del libro de caballerías *El Palmerín de Inglaterra*, que en su capítulo 77 narra un episodio similar con el traslado de un difunto, sino que también plasmó una historia real de la que tuvo noticias y la disfrazó de aventura quijotesca. En el libro nos cuenta Cervantes que el cuerpo muerto era el de un digno señor fallecido en Baeza por unas pestilencias y al que llevaban a enterrar a Segovia. Pero la historia que seguramente inspiró a don Miguel fue la traslación de los restos de san Juan de la Cruz, no desde Baeza, sino desde Úbeda, a Segovia. Esta es la historia:

San Juan de la Cruz murió en 1591 en esa localidad de Jaén de una septicemia como consecuencia de una erisipela en la pierna izquierda. La exactitud del diagnóstico se debe a fuentes documentales y al estudio forense de parte de los huesos, realizado en 1992. En Úbeda quedó enterrado el místico, hasta que pasados unos meses, solo unos meses, una dama segoviana, doña Ana de Mercado y Peñalosa, amiga de fray Juan y con la que se carteaba, se propuso conseguir los restos. La dama había fundado en Segovia junto con su hermano un convento carmelita, y como Juan era un carmelita con mucha fama, se empeñó en conseguir su traslado. Juan de Yepes, sin embargo, estaba enterrado y bien custodiado; la empresa no se presentaba fácil. Había que buscar algún enchufe.

El hermano de la señorona en cuestión era un alto cargo del Consejo Real de Castilla, el máximo órgano de poder de la monarquía hispánica, y, además, amiguete del vicario general de la Reforma Carmelitana. Este religioso mandamás fue quien dio el permiso a la señora Ana para que desenterrara a fray Juan de la Cruz en Úbeda para trasladarlo a Segovia. Pese a que los permisos estaban en orden, llevarse al fraile provocaría, seguro, algún altercado con los ubetenses, por lo que encargó a un alguacil que fuera discreto y desenterrara al monje por la noche. Quedan de manifiesto los agravantes de premeditación y nocturnidad.

Pero premeditaron mal. Cuando llegó el alguacil a Úbeda con la orden de exhumación y el permiso para el traslado, no esperaba encontrarse a Juan de Yepes como se lo encontró... de muy buen ver. Lógico, porque hacía solo nueve meses que lo habían enterrado y la naturaleza no había hecho su trabajo.

El alguacil tuvo que dejar al carmelita en su sitio, volverse por donde había venido y decirle a la señora que, de lo planeado, nada de nada; que se esperase un poquito porque fray Juan no estaba para traslados. No tardó mucho en volver a la carga la segoviana, porque solo dejó pasar un año y, en 1593, envió de nuevo al alguacil a Úbeda. Esta vez los carmelitas presenciaron con gran disgusto cómo les hurtaban a su hermano más querido por orden del vicario general y cómo el enviado especial de doña Ana ordenaba abrir la tumba, comprobaba que el aspecto era el adecuado y guardaba los huesos de Juan de Yepes en un baúl.

Alguien podría pensar que esas no son formas de trasladar a un santo, en un baúl; pero es que Juan todavía no era santo. Aún le faltaba siglo y pico para subir a los altares. Lo de trasladar los huesos como equipaje de mano fue precisamente por hacerlo con disimulo, y así viajó de Úbeda a Madrid el pobre Juan de Yepes, hecho un manojo de huesos, que no de nervios. En la capital, el alguacil entregó el baúl a los hermanos Peñalosa, que, felices por haber alcanzado su objetivo, se lo llevaron a Segovia.

En Úbeda se mosquearon mucho con los segovianos; tanto que comenzó un litigio muy sonado en la época, con un violento cruce de acusaciones y con un papa por en medio. Úbeda pedía que les devolvieran al místico, y los segovianos que nanay, que santa Rita Rita... que hubieran estado más listos. El papa Clemente VIII emitió un breve ordenando que Segovia devolviera lo que se había llevado, pero la orden no se atendió. Once años se llevaron discutiendo, hasta que los propios superiores carmelitas decidieron zanjar la bronca de una vez con una medida, literalmente, salomónica: que Segovia se quede con una parte de Juan, sentenciaron, y a Úbeda se mande otra parte. Como el que parte y reparte se lleva la mejor parte, Segovia solo facturó a Úbeda una pierna de rodilla para abajo y un brazo. Los carmelitas ubetenses se conformaron, y aunque tuvieron inicialmente intención de reclamar algún hueso más, decidieron al final claudicar. No quiere ello decir que Segovia conserve aún la mayor parte del esqueleto, porque esto de custodiar un santo famoso tiene muchas servidumbres. Todo el mundo pide algo... dame un dedo, dame una costillica, dame una muela... lo que sea. En Segovia, tras el recuento que los forenses realizaron en 1992, se sabe que se encuentra el cráneo, el tronco y las piernas hasta las rodillas. Todo lo demás está repartido, pero no todo localizado. Un dedo en Toledo, otro en Medina del Campo, otro en Alba de Tormes (donde también conservan una supuesta costilla), otro en Salamanca, otro en La Carolina... y mejor no seguir contando por si acaban saliendo más dedos de los recomendables.

Cervantes conoció todos los incidentes de aquella traslación de fray Juan de la Cruz en 1593, y se apropió de gran parte de ellos, porque así lo dejó ver en detalles sueltos de la aventura de don Quijote con el cuerpo muerto en el capítulo 19.

Pero hubo en aquellos años traslaciones mucho más espectaculares, como la de santa Leocadia, por ejemplo, y de esta Cervantes fue testigo directo. Ocurrió en 1587, cuando el escritor vivía en Esquivias. Las reliquias de la santa se trajeron desde el monasterio de San Guillén, en Flandes, y antes de llegar a Toledo, donde Felipe II y toda la familia real esperaban a santa Leocadia, hicieron noche en el pueblo.

¿Quién dirían que acompañó la procesión con el cuerpo muerto de santa Leocadia desde Esquivias hasta Toledo? Don Miguel de Cervantes, porque aquello era un sarao para no perderse. La que se organizó por aquel entonces con el recibimiento de santa Leocadia, con la ciudad varios días de fiesta, con actos oficiales y miles de turistas de la época, fue para pasar a la Historia. Y de hecho, pasó.

Bachilleres

Sansón Carrasco, un bandarra de provecho

Entre los muchos refranes que conocía Sancho, hay uno que jamás pronunció: *Quod Natura non dat, Salamantica non praestat.* Y una de dos: o no lo pronunció porque el latín no se le daba bien o porque en *El Quijote* no aparece ni un tonto a quien aplicárselo.

Y el menos tonto de todos es el bachiller Sansón Carrasco, que salió por naturaleza burlón y gamberro, y por Salamanca más listo que el hambre. Sansón Carrasco se pitorreó de don Quijote recién obtenido su título de bachiller en Salamanca, aprovechando el mes de vacaciones de verano que tenían los estudiantes, pero Cervantes nos dejó con las ganas de saber si Sansón Carrasco pasó del grado de bachiller en burlas y venganzas para dar un paso más en sus aspiraciones universitarias.

Sansón consiguió su título de bachiller porque estudió durante tres años las asignaturas comunes a todo aquel que aspirara a una licenciatura, ya fuera en leyes, artes, teología o medicina. Con el título en el bolsillo y el conocimiento en los sesos, el bachiller Sansón Carrasco ya podía sacar la licenciatura primero, la maestría después y, por último, el doctorado.

No nos queda, pues, más remedio que intentar averiguar en qué demonios pretendía licenciarse el bachiller Sansón Carrasco. Como la cosa va de refranes, ahí va otro que circulaba mucho en aquella época a la hora de elegir oficio: «Iglesia o mar o Casa Real»; es decir, cura, comerciante o burócrata. Estos eran los tres recursos más lucrativos en aquel deprimido siglo XVII. Uno podía sumarse al clero, en el que se vivía holgadamente por los siglos de los siglos de las rentas de las capellanías, la canonjía o la mitra; o le convenía dedicarse al comercio y trapicheo con las Indias; o podía convertirse en uno de los miles de letrados que necesitaba la Corona en los tribunales, los consejos, las audiencias, las chancillerías y los corregimientos. Pero había otras posibilidades.

Sansón pudo haber elegido la licenciatura en artes, porque el bachiller apuntaba maneras a la hora de disfrazarse de caballero andante de diseño, y tampoco se le daban mal los poemas con buena rima; pero no, porque esto solo era para sus ratos holgazanes. Medicina, seguro que no, que estaba un tanto desprestigiada porque había sido la preferida de judíos y musulmanes. Si hacemos un sencillo cálculo de probabilidades, sería fácil suponer que Sansón Carrasco buscara la licenciatura en leyes, porque las cuatro quintas partes de los licenciados lo eran en derecho. Pero tampoco cuadra. No acaba de encajar Sansón Carrasco en la piel de un notario, porque más que dar fe, hubiera dado la nota.

Solo queda entonces la teología, porque si las leyes aseguraban una buena situación laboral, muchas más ventajas había si se conseguía entrar en la nómina de la Iglesia. La población eclesiástica era elevadísima en aquellos principios del siglo XVII; la mitad de ellas estaba mal preparada y la otra mitad, peor dispuesta. Ya lo dijo entonces y con toda franqueza el arzobispo don Gaspar de Criales, indignado con el *overbooking* de la Iglesia: «Muchos se acogen al puerto de la religión, no por Cristo, sino por el pan de Cristo».

Es decir, emprender la carrera eclesiástica le hubiera permitido al bachiller, en primer lugar, medrar; en segundo, comer bien y caliente todos los días; en tercer lugar, disfrutar de una renta jugosa, y, en último término, llevar una vida no necesariamente casta.

El oficio perfecto para el bandarra de Sansón Carrasco.

Carta a Dulcinea

Beldad de pelo en pecho

En el capítulo 25 de la primera parte, don Quijote se retira a Sierra Morena para hacer penitencia. En mitad de aquella rural soledad decidió escribir a su señora Dulcinea y encargarle a Sancho que le llevara la misiva en mano. Cuando el escudero creyó descubrir quién era la tal Dulcinea… no daba crédito. Si alguien no se ha leído *El Quijote* porque le da pereza, que se vaya directamente a ese capítulo, al 25, y cuando lo termine seguramente se animará a leerse el libro entero.

Don Quijote describe a su amada en estos términos: «Su nombre es Dulcinea, su patria el Toboso, su hermosura sobrehumana, sus cabellos son de oro, su frente campos Elíseos, sus cejas arcos del cielo, sus ojos soles, sus mejillas rosas, sus labios corales, perlas sus dientes, alabastro su cuello, mármol su pecho, marfil sus manos…». Y después de soltar todos estos tópicos de enamorado cursi, es cuando dice que los padres de su Dulcinea son Lorenzo Corchuelo y Aldonza Nogales. Ojo al apellido del padre, Corchuelo: ya está dando Cervantes una pista de que apunta maneras de alcornoque.

Al oír los parentescos, Sancho tercia: «¿La hija de Lorenzo Corchuelo es la señora Dulcinea del Toboso? Bien la conozco…

es moza de chapa, hecha y derecha, y de pelo en pecho. ¡Oh, hideputa, qué rejo que tiene, y qué voz! Se puso un día encima del campanario de la aldea a llamar unos zagales y aunque estaban de allí más de media legua, la oyeron como si estuvieran al pie de la torre».

Está claro que don Quijote y Sancho tenían percepciones distintas de la misma mujer. Uno veía las cejas y el otro el entrecejo.

Aldonza Lorenzo, Dulcinea, era un zoquete; toda una moza de pelo en pecho y, a juzgar por la descripción de Sancho, toda músculo. También el cerebro. No fue casualidad que Cervantes la hiciera hija de Lorenzo Corchuelo, un apellido que, sin más remedio, nos remite a un necio. Era torpe, de acuerdo. No sabía leer ni escribir, vale; pero es que a principios del siglo XVII el 90 por ciento de la España rural era analfabeta.

Dulcinea no era una excepción. Nunca podría haber leído la carta que don Quijote le escribió en mitad de Sierra Morena, cuando decidió abandonar momentáneamente sus vagabundeos; la misma que Sancho perdió y no entregó y la que Aldonza nunca esperó y jamás vio. El campesino que sabía firmar era un ilustrado y, en una aldea, los únicos que alcanzaban a leer y escribir eran el cura, los hidalgos y dos o tres más.

Ello no impedía que las cartas fuesen y viniesen, bien a una enamorada, bien a un pariente. ¿Quién las escribía? ¿Quién las leía? Pues, por lo general, el sacristán, casi siempre dispuesto a echar una mano a la inculta feligresía. Cuando un enamorado zopenco tenía que enviar sus cariños a una enamorada iletrada, se presentaban dos problemas: primero, quién lo ponía sobre el papel y, segundo, quién lo descifraba. Cuando los casos de enamoramiento se daban en la misma aldea, a veces coincidía que quien escribía y leía la carta eran la misma persona, y la misma también la que debía escribir la respuesta para volver a leerla a quien le hizo el primer encargo.

El encargado, la mayor parte de las veces, era el sacristán, puesto que se trataba de la persona a quien más fácilmente podían acceder los vecinos. Aunque también se podían contratar los servicios de un escribano, pero con unos riesgos incalculables, ya que además de tenerle que pagar sus servicios, se corría el peligro de que el receptor de la misiva, o quien tuviera que leérsela, no entendiera ni una palabra. Algunas letras eran ininteligibles.

Los escribanos de oficio habían adquirido una muy mala costumbre en los siglos XVI y XVII: escribían con letra procesada, la utilizada en los procesos; es decir, plantaban la pluma en el papel con la primera letra y no la levantaban hasta el punto final. Más claro aún: la letra procesada consistía en desfigurar la traza y alargarla exageradamente sin separar las palabras. Una escritura que, como le dice don Quijote a Sancho, no la entiende ni el diablo, por eso el escudero se va con el encargo de buscar un maestro o un sacristán que traslade con buena letra cortesana la carta a Dulcinea. «Y tú tendrás cuidado de hacella trasladar en papel, de buena letra en el primer lugar que hallares donde haya maestro de escuela de muchachos, o si no, cualquiera sacristán te la trasladará; y no se la des a trasladar a ningún escribano que hace letra procesada, que no la entenderá Satanás».

Los escribanos que utilizaban la letra procesada eran, simplemente, unos caraduras. Como su sueldo resultaba directamente proporcional a las planillas que llenaran, empleaban la letra procesada para llenar hojas y hojas en las que apenas entraban unas palabras. Cuantas más planillas llenaran, más cuartos cobraban. Y encima había que pagarles.

El estipendio de los escribanos dependía de lo que el cliente quisiera poner en la carta. En el caso de los escribanos de baratillo, que así se llamaban los que plantaban el puesto y esperaban a que llegara el cliente analfabeto, la calidad de la carta dependía de lo que estuviera dispuesto a pagar quien la encargara. Por ejemplo, existe una referencia de un escribano de Sevilla en 1680 que le pregunta a una clienta si quiere una carta de dos cuartos, de real y medio o de dos reales, y si prefiere que lleve dibujo junto a la firma, como un corazón o dos manos unidas. Por lo que se ve, las cosas no han cambiado tanto: ya entonces había emoticonos, aunque los WhatsApp circulaban de forma un poco más rudimentaria.

Tanto se subieron a la parra los escribanos que ya la reina Isabel la Católica intentó acabar con el abuso. Ordenó en su «Arancel para los escribanos del reino», en 1503, que escribieran con buena letra cortesana y estableció el pago de diez maravedís por cada hoja de pliego siempre y cuando la letra se entendiera. Tras esta real orden volvieron a escribir clarito, porque si no se les borraba de la nómina funcionarial, pero en cuanto se murió la reina, que fue al año siguiente, volvieron a las andadas y a la infame letra procesada. Los rebeldes funcionarios que vivían del trabajo de la pluma continuaron cien años más con sus garabatos, hasta que se instaló la cordura porque ya no se entendían ni ellos.

Queda claro que, en tiempos de don Quijote, al último que había que recurrir para escribir una carta era, curiosamente, a un escribano. Los sacristanes y, en el caso de que los hubiera, los maestros eran los más dispuestos, aunque con ellos no durara un secreto de amor más allá de lo que se tardaba en lacrar el papel.

Bálsamo de Fierabrás

Una receta letal

A don Quijote le ocurrió con el bálsamo de Fierabrás lo mismo que con el yelmo de Mambrino. Ni el yelmo de Mambrino hacía invencible a quien lo llevara ni el bálsamo de Fierabrás curaba el más mínimo rasguño. Pero a ver quién convencía a don Quijote, porque lo que aseguraban sus amados libros de caballerías iba a misa. Tanto el bálsamo como el yelmo eran ficciones de dos libros a los que nuestro locuelo caballero dio carta de naturaleza.

Fierabrás es un cantar de gesta francés, escrito hacia el año mil ciento y pico, que cuenta la historia del origen del famoso bálsamo. Fierabrás, que significa literalmente «el de feroces brazos», era un gigante, hijo del rey moro Balán. Los dos saquearon Roma y se apropiaron de las reliquias que guardaba la ciudad, entre ellas dos barriles del supuesto ungüento con el que se embalsamó a Jesucristo. Este bálsamo pasó a llamarse «de Fierabrás».

Esta gesta francesa se tradujo y publicó en España bajo el título… —tomen aire—: *Historia del emperador Carlomagno y de los doce pares de Francia y de la cruda batalla que tuvo Oliveros con Fierabrás, rey de Alejandría, hijo del grande almirante Balán*. Bien, pues este libro de caballerías con tres líneas de título fue el que leyó don Quijote y de donde sacó la peregrina idea de fabricarse el bálsamo. Se supone que este ungüento no solo curaba las heridas de quien lo bebía; incluso permitía volver a unir a un caballero que hubiera sido partido por la mitad. Y, claro, don Quijote se lo creyó. Para él era indudable que el bálsamo que se había utilizado para ungir a Jesucristo tenía que ser milagroso, y él conocía la receta.

Cuando al caballero andante ya no le cabían más golpes en el cuerpo, encargó a Sancho que buscara aceite, vino, sal y romero, y con ellos preparó un enjuague infernal, su particular bálsamo de Fierabrás. Don Quijote no iba desencaminado, porque estos cuatro ingredientes, por separado, eran la base de la medicina casera. Atención a este refrán de la época: «En teniendo aceite, sal, vino y romero, media botica tenemos». Estos elementos estaban relacionados con los cuatro humores vitales del hombre definidos en la medicina griega: la sangre, la flema, la bilis amarilla y la bilis negra. Cuando uno de estos se descompensaba, se supone que tenía remedio con alguno de los componentes que le era afín.

Sin embargo, los cuatro ingredientes juntos ponen el cuerpo del revés. Don Quijote lo bebió, se puso malísimo, vomitó, durmió y mejoró. Sancho, también con el cuerpo molido, tomó a dos manos la bebida del «feo Blas», que así llamaba al bálsamo el rústico escudero. Se puso malísimo, vomitó, se puso peor, se le fue media vida en una diarrea y creyó morir. La conclusión que sacó don Quijote fue evidente: el bálsamo de Fierabrás no producía el mismo efecto a un caballero andante que a un escudero.

A Sancho se lo disculpa de antemano, pero don Quijote, un lector empedernido, debería saber que el bálsamo con el que se ungió a Jesucristo, el bálsamo de Fierabrás, la bebida del feo Blas, no estaba compuesto de aceite, vino, sal y romero.

La tradición cuenta que José de Arimatea y Nicodemo prepararon el cuerpo del resucitado con mirra y áloe, y se cree que también con aceite, pero no de oliva, sino de nardo, un perfume muy valorado por su intenso aroma y extremadamente caro: para obtener un litro de esencia había que prensar más de cien kilos de nardos.

Quede claro, pues, que el aceite, el vino, el romero y la sal son saludables ingredientes de la dieta mediterránea, pero por separado y, a ser posible, acompañados de un jabugo. Que esto sí que lo cura todo.

La tumba de Alonso Quijano el Bueno

Mirando al cura, con los pies por delante

Bonita faena nos dejó don Miguel. Se nos han echado encima cuatrocientos años sin don Quijote y nos ha costado lo nuestro encontrar su tumba. Porque Cervantes nos lo dejó insepulto. Cuerdo, pero insepulto. Hasta el propio don Quijote nos hurtó cómo quería su entierro y su sepultura en el testamento, quizás porque murió con prisas. Ya se sabe que no hay cosa más cierta en esta vida que la muerte, ni más incierta cosa que el día y la hora. Y de milagro tenemos testamento, que si en vez de como el cuerdo Alonso Quijano se nos muere como el loco don Quijote, aquí no cobra ni Sancho ni el ama ni la sobrina.

Quizás pensó don Miguel que solo había de interesarnos la distribución de bienes de Alonso Quijano, pero el testamento, un elemento clave en el arte de bien morir y en el de morirse con arte, sirve también para descargar conciencias y ordenar lo que hay que hacer para el futuro cuidado del alma. Que no todo va a ser dinero.

Pese a tanto secretismo, tenemos pistas sólidas y más que fiables de cómo podría haber sido la tumba de don Quijote si se nos permite fabular (insisto, fabular) con que el cacareado lugar de

La Mancha sea Argamasilla de Alba. Solo imaginando un lugar concreto se puede ubicar a don Quijote en una tumba deteminada.

Ni se les ocurra la insensatez de pensar que el ilustre caballero fue a dar con sus huesos a un cementerio, arrumbado en el exterior de cualquier templo. Por Dios… teniendo como amigo al cura de Argamasilla de Alba y siendo un hidalgo… ¿terminar en un vulgar y pobretón cementerio? Jamás lo hubiera permitido Cervantes. Él, que eligió con esmero su enterramiento en el convento de las Trinitarias de Madrid, ¿iba a descuidar la tumba del bueno de Alonso Quijano? Ni en broma. Además, ¿qué cementerio podría acoger a don Quijote? El único que existía estaba junto a la ermita de la Concepción de Nuestra Señora, y tanto la ermita como el cementerio quedaron arrasados por una crecida del Guadiana. Por eso se comenzó a construir la iglesia de San Juan y por eso los vecinos más pudientes fueron a dar con sus huesos a ella. Los pastores, mozos de soldada y demás pobretones allá se las apañaran.

Don Quijote fue enterrado en el interior de la iglesia de San Juan Bautista de Argamasilla. Su tumba fue digna, hidalga, sobria... y a ella fue a dar, con los pies por delante, dentro de un ataúd de madera de pino de la sierra de Cuenca. Y digo con los pies por delante no porque así acabemos todos, o porque así lo sacaron de su hacienda y así lo metieron en la iglesia, sino porque así reposa aún, con los pies hacia delante y dando la cara al altar. Esta era la norma de enterramiento en las iglesias: mirando al cura y oyendo misa por los siglos de los siglos.

Ahora bien, para los vecinos de Argamasilla de Alba, esta sepultura en la iglesia, a pie de tierra y compartiendo suelo con otros muchos difuntos de los siglos XVI, XVII y XVIII, no es la adecuada para un hidalgo como don Quijote. Y no lo es porque don Quijote, en Argamasilla, tiene nombre y apellidos, y hasta tumba de lujo. La tradición de Argamasilla dice que Rodrigo de

Pacheco, un hidalgo seco de carnes, como don Quijote, con un gran mal que le cuajó en el cerebro, como a don Quijote, fue quien inspiró a Cervantes.

Si ponemos ganas en creer que el trasunto de Rodrigo de Pacheco es don Quijote, la tumba de Alonso Quijano está en la cripta de una de las cinco capillas nobiliarias que hay en la iglesia de San Juan Bautista, justo a la derecha del altar y construida por Rodrigo Pacheco bajo la advocación de la Virgen de la Caridad de Illescas. Allí, bajo una losa con cuatro argollas de hierro, descansa el hidalgo Rodrigo Pacheco y, quizás con él, el espíritu de don Quijote.

Tanto el cuerpo de uno como el espíritu del otro deben de estar momificados, que es lo que suele ocurrir con gentes secas de carnes sepultadas en criptas de iglesias con condiciones óptimas de humedad. A ver por qué, si no, iban a aparecer cada dos por tres santos de los mal llamados incorruptos. Desecados, sí, pero no incorruptos.

Que aquí el único incorrupto, cuatro siglos después, es don Quijote. Y lo que le queda.

II

La España de la época

Hidalgos pobres

Antes muerto que zurcido

Durante el reinado de los Felipes, aquellos de apellido Segundo, Tercero y Cuarto, la pobreza de los hidalgos se hizo especialmente notoria. La crisis económica de finales del siglo XVI y principios del XVII también los alcanzó. Los que tenían mucho pudieron más o menos mantenerse, pero los de economía poco boyante solo podían conservar su orgullo de hidalgo. Don Quijote fue uno de ellos. Un hidalgo muerto de hambre, lo que se conocía entonces como «hidalgo escuderil»; es decir, en la escala social, el caballero de la triste figura estaba mucho más cerca de Sancho Panza que del noble más bajo, pero como uno no lo admitía y el otro no se enteraba, pues igual daba.

Se calcula que en la Castilla de entonces había un hidalgo por cada diez habitantes, muchos de ellos pobres, sí, pero de vida orgullosa; aunque, la verdad, no engañaban a nadie. Algunos hidalgos la mitad de los días no tenían ni para comer. Este no es el caso de don Quijote, porque ya dejó explicado Cervantes en las primeras líneas del libro su menú semanal. Pero incluso los que no tenían ni un mendrugo de pan que llevarse a la boca los más de los días se sentaban igualmente a la mesa como si tuvieran frente a ellos grandes manjares, porque las formas no había que perderlas nunca. Cuando terminaba la hora de esa comida fingida, el hidalgo pobre salía de su casa para reunirse en los corrillos habituales con hidalgos de más caché y opinar sobre la marcha de España o la mejor manera de luchar contra el turco. Y acudían a estas reuniones con un palillo en la boca, señal de cara al exterior de que habían comido mucho y bien. Se extendió tanto el uso del mondadientes entre los hidalgos pobres que el palillo comenzó a llamarse «falso testimonio». Bastaba que un hidalgo saliera de casa con un palillo en la boca para saber que, aquel día, no había probado bocado.

Y como en la raza humana nos tomamos a risa lo que para otros es un drama, he aquí un chiste que corría por entonces y que adapto a como se contaría actualmente: era un hidalgo tan pobre, tan pobre, tan pobre que le salieron agallas de solo tragar saliva.

El hidalgo pobre nunca confesaba su pobreza, pero tampoco se le pasaba por la cabeza trabajar, porque tal cosa sería una confesión. Prefería estar entrampado, mentir y morirse de hambre antes que perder la honra trabajando o sirviendo en hacienda ajena.

Don Quijote era, desde luego, un hidalgo pobre, y se lo recuerda en su propia cara Sancho cuando vuelven a casa después de la primera salida. En el capítulo 2, don Quijote, en la cama, con un gran palizón en el cuerpo, le pregunta a su escudero qué dicen por el pueblo de él y Sancho le responde: «Pues que el vulgo tiene a vuestra merced por grandísimo loco y a mí por no menos mentecato. Los hidalgos dicen que, no conteniéndose vuestra merced en los límites de la hidalguía, se ha puesto "don" y se ha arremetido a caballero con un trapo atrás y otro adelante. Dicen los caballeros que no querrían que los hidalgos se opusiesen a ellos, especialmente aquellos hidalgos escuderiles que dan humo a los zapatos y toman los puntos de las medias negras con seda verde».

¿Dar humo a los zapatos? Suena a embetunar, y eso era. Lustrar los zapatos quedaba para quien tenía que apurar la vida del calzado aunque estuviera matado a rozaduras. Consistía eso del humo en mezclar un polvo negro, una especie de hollín de madera de pino quemada, que revuelto con agua o clara de huevo se convertía en el betún de los pobres. Pero también acusaban a nuestro héroe de ser uno de esos hidalgos escuderiles que se zurcen las medias, y por ahí no pasó don Quijote. «Pues ando siempre bien vestido —le replica a Sancho— y jamás remendado: roto, bien podría ser, y el roto, más de las armas que del tiempo». Don Quijote no cayó en el error de llevar zurcidos en la ropa, porque «lo roto no es deshonrado y sí lo remendado». El maestro Correas explicó así este refrán a principios del XVII: «El remendar es propio de la gente de trabajo y pobre. El hidalgo ha de ser lucido y gallardo; y a más no poder le es mejor andar desgarrado unos días, en tanto que se hace vestido nuevo, que remendado porque se presuma que él se pone a echar remiendos como persona baja».

El resumen es que era más deshonroso un zurcido que un agujero, y aunque estamos empleando un tiempo verbal en pasado, no deberíamos. Todavía es más honroso un agujero que un zurcido. Hoy en día llevamos vaqueros rotos y camisetas deshilachadas por las que pagamos una pasta, de modo que no somos tan modernos, hacemos lo mismo que los hidalgos del siglo XVII. Sus madres estaban detrás de ellos: «Ven que te coso eso, hijo, que vas hecho un desastre». Y el hidalgo se resistía: «Que me dejes, mamá, que esto se lleva así».

Igual que ahora, ¿no?

Rebuznadores

Los que empinó san Pedro

Rebuznar es propio de asnos. Imitar un rebuzno, una habilidad humana; y conste que digo habilidad, porque hay gente que rebuzna muy bien, pero luego se ofende si les aplaudes por ello. Y es que rebuznar bien es un arma de doble filo: sirve para el halago y también para la ofensa. Algo así como decir: «Mira lo bien que rebuzno, pero mucho cuidado con decirme lo bien que lo hago».

El episodio de los rebuznadores en *El Quijote*, cuando dos regidores intentan atraer a un asno perdido imitando sus rebuznos y lo único que consiguen es encontrarse ellos una y otra vez, porque los dos hombres imitaban a la perfección la voz del asno, acabó en un enfrentamiento entre dos pueblos. Lo que comenzó siendo un halago por la buena imitación de la voz del burro acabó a palos precisamente por lo mismo.

La historia no la inventó Cervantes, sino que la sacó de la realidad, porque en la España de aquella época más de dos pueblos se enfrentaron por culpa de los asnos.

Por ejemplo, siglos atrás, Catarroja y Albal, en Valencia, arrastraron durante años una fuerte enemistad a cuenta de un asno.

En lo alto del campanario de Catarroja creció un hierbajo que afeaba el remate de la torre. Los vecinos acordaron subir un burro atado con una soga y pararlo a la altura del hierbajo para que se lo comiera, pero cometieron el error de atar la maroma al pescuezo del asno, con lo que el animal llegó ahorcado a la torre y sin ganas de comer ese día y ya ningún otro. Los de Catarroja negaron el episodio y acusaron a los del pueblo de Albal de haber inventado la falsa historia para burlarse de ellos.

Sucesos similares (por no decir clavados, aunque con finales menos trágicos para el pollino) recogen los antropólogos en Andraitx, en Mallorca; Castelldans y Solsona, en Lleida; Mataró y Vilassar, en Barcelona, e incluso en la mismísima iglesia de Santa María del Mar de la capital barcelonesa; en Xàbia del Marquexat de Denia, en Alicante... Alguna localidad, incluso, conserva la tradición y la ha convertido en fiesta anual. En la comarca del Campo de Cartagena se celebra «El burro de Perín» a mediados de agosto, que consiste en subir a un burro para que limpie de matojos el campanario. Eso sí, la fiesta se ajusta a la vigente Ley de Protección de los Animales, porque los vecinos de Perín pasean en procesión a dos burros, uno real y otro de mentira, y el que sube al campanario es el de cartón piedra.

No nos pongamos finos ni demos por hecho que las historias con asnos afectaban únicamente a pueblos y personajes rústicos, porque hubo una ocasión, si bien se dio en pleno siglo XIX, en que media España rebuznó sin saberlo. Cuentan que los compositores Francisco Asenjo Barbieri y José Rogel apostaron con unos amigos a que conseguirían hacer rebuznar a quienes acudieran a ver la obra que crearon al alimón, *La vuelta al mundo*. En una de las canciones del primer acto se invitaba a los espectadores a acompañar un sonido especial de los instrumentos de cuerda, y el sonido no era otro que un rebuzno que todos los presentes imitaban sin saber que en realidad rebuznaban. Barbieri ganó la apuesta porque todos los teatros de España retumbaron con sonidos de asnos.

Quizás para entender lo bien que se les daba rebuznar a los regidores de *El Quijote*, a Sancho y a los espectadores de la zarzuela bufa de Barbieri y Rogel haya que echar mano de un cuento popular que asegura que una parte de la humanidad desciende directamente de los burros. Cuando Jesucristo recorría el mundo con sus discípulos, cayó en la cuenta de que allá por donde fueran había un excesivo número de asnos y sin embargo faltaban hombres para atender todos los oficios. Para remediar la desproporción, le dijo a san Pedro que pusiera un dedo debajo de la barba de algunos asnos y que los empinara hasta dejarlos sobre dos patas; que les diera apariencia de hombres por fuera aunque por dentro siguieran siendo asnos. Así lo hizo san Pedro, y es fácil adivinar aún hoy quiénes descienden de aquellos burros convertidos en hombres. Ahora se entiende esa frase tan utilizada antiguamente para señalar a los zoquetes: «Ese es uno de los que empinó san Pedro».

La habilidad para rebuznar no ha quedado perdida en los siglos pasados, porque en Las Balsicas, una pedanía de Mazarrón (Murcia), todavía se celebra cada año un concurso de rebuznos con una contundente justificación histórica. En el siglo XVIII los vecinos terminaron la construcción de su iglesia gracias a que los burros subían los materiales hasta la cima donde está situada. Los animales acabaron reventados y los vecinos de Las Balsicas, conscientes del esfuerzo de los asnos, rebuznaron a un tiempo en señal de agradecimiento; es de suponer que ante el pasmo general de los burros.

Una vez más queda claro que *El Quijote* no es solo un gran libro, sino también una magnífica crónica social.

Disciplinantes

Fervor de masoquistas

Los disciplinantes o flagelantes eran unos tipos que, allá por los siglos XVI y XVII, se reunían en procesión un día sí y otro también para pedir por algo a la vez que se abrían la espalda a latigazos. Pedían que se acabara la sequía o que dejara de llover, según anduviera la meteorología. Cualquier ocasión era buena para pedir un favor a los cielos, cumplir una promesa o provocarse una carnicería por una supuesta devoción. En la obra de Cervantes don Quijote se cruza con una cofradía de disciplinantes al final de la primera parte y casi no cuenta la aventura. Porque los disciplinantes se autocastigaban, pero si había que repartir leña, su fe no se lo impedía.

La Contrarreforma tuvo mucha culpa de que los disciplinantes proliferaran por todo el mundo cristiano. En su afán por revitalizar la Iglesia y luchar contra el protestantismo, alentó el derramamiento de sangre a base de azotes voluntarios. Era una forma de imitar a Cristo para redimir los pecados y fortificar el espíritu.

En la Castilla rural de aquel siglo XVII había miles y miles de disciplinantes que cada dos por tres andaban en procesión con alguno de los cientos de santos y vírgenes disponibles, rogando que acabara la plaga de la vid, el granizo, la langosta, la pestilencia, la rabia o lo que fuera. La sola visión de aquellos hombres sangrando, cubiertos con unos sacos que dejaban la espalda al aire y con unas caperuzas que preservaban su anonimato y su condición social ya dejaba a los aldeanos con el corazón en un puño. Si a ello se añade una espectacular puesta en escena, generalmente a la caída de la tarde, con cirios y hachas encendidas, con letanías que retumbaban en el silencio y con una trompeta que sonaba al compás de los chasquidos de los latigazos, está claro que algún incrédulo acabaría hincado de hinojos. Porque si eso era la Tierra, qué no sería el Infierno.

Las cofradías de disciplinantes no se limitaban a un puñado de ortodoxos. A finales del siglo XVI, solo en Toledo había cuatro que sumaban entre los seiscientos y los mil miembros en el momento de su fundación. Por supuesto, se multiplicaron rápidamente y llegó un día en que cada pueblo tenía su propia cofradía: la de La Vera Cruz, de la Sangre de Cristo, de las Angustias, de las Cinco Llagas... nombres todos que recuerdan el sufrimiento.

La mezcla de tanta pasión y tanta sangre provocaba más de una muerte entre los disciplinantes, lo cual nos lleva a una contradicción. Si un flagelante moría como consecuencia de las heridas que él mismo se infligía, era un suicidio, y suicidarse te excluía del reino de los cielos. Supongo que entonces no tuvieron esto en cuenta. Es más, si un cofrade moría en plena disciplina, se le aseguraban sesenta misas.

En las rogativas más importantes incluían a niños entre los flagelantes, que imitaban a sus mayores y cuyo sacrificio se consideraba especialmente efectivo ante Dios porque se trataba de seres inocentes y sin pecado.

Los disciplinantes de una cofradía eran de dos tipos: los hermanos de sangre y los hermanos de luz. Ni que decir tiene que dolía mucho menos ser disciplinante de luz antes que de sangre, porque el único esfuerzo al que obligaba era a llevar unas hachas encendidas o enormes cirios. Y también había disciplinantes de amor, que se arreaban más fuerte cuando pasaban por delante de la reja de la moza que les gustaba, pero este asunto de los amoríos no se podía admitir porque te echaban de la cofradía.

Y por último existían disciplinantes del desencanto, pero solo se tienen noticias de uno. Sancho Panza, que tuvo que darse tres mil trescientos azotes en las posaderas en la creencia de que, con tan absurdo sufrimiento, la sin par Dulcinea quedaría desencantada. Más que un disciplinante, un primo.

La Santa Hermandad

La poli de las mangas verdes

Don Quijote disfrutó de todas sus aventuras desafiando a la Santa Hermandad y Sancho sufrió las aventuras de su señor temiendo que apareciera alguno de sus cuadrilleros. El escudero se pasa veintitrés capítulos del libro esperando que la temida Santa Hermandad les eche el guante, y termina ocurriendo en el episodio de los galeotes.

Si buscamos en nuestra memoria histórica, puede que algunos crean que esto de tener fuerzas y cuerpos de seguridad del Estado viene, remontándonos muy atrás, de mediados del XIX, que es de cuando data la creación de la Guardia Civil. Los que hayan leído *El Quijote*, sin embargo, saben que no; que varios siglos antes de que aparecieran los tricornios ya había tipos vigilando, deteniendo y persiguiendo a los malos: los cuadrilleros de la Santa Hermandad. Aunque, para ser más exactos, deberíamos hablar de santas hermandades, porque había muchas. De la misma manera que ahora hay policías autonómicas y una policía nacional, antes hubo santas hermandades locales y una gran santa hermandad que pretendieron crear los Reyes Católicos y que les salió rana.

Hagamos un repaso ligerito. Las primeras noticias de este peculiar cuerpo de policía rural hay que buscarlas a principios del siglo XI por el norte del país, cuando las diputaciones se unieron para crear una hermandad compuesta por hombres dispuestos a perseguir malhechores. Se llamaban hermandades porque se juntaban unos cuantos para defenderse y defender a los colegas. Debió de correr la voz de su eficacia a la misma velocidad que aumentaban por los Montes de Toledo y los campos de Villa Real —la actual Ciudad Real— las bandas de ladrones y asesinos. ¿Qué hicieron los perjudicados castellanos para defender sus vidas y sus haciendas? Pues unirse también en hermandad contra los malos. La autoridad real aprobó su funcionamiento y se la llamó santa por el justo fin que perseguía. Este fue el principio de la Santa Hermandad Vieja de Toledo.

Pero cada hermandad creada en cada lugar de la península era de su padre y de su madre y todas tenían su jurisdicción. Eran policías locales que no rendían cuentas a nadie. A los Reyes Católicos les gustó la idea de las hermandades, y mucho más les gustó eso de que fueran santas, así que establecieron en todos sus reinos lo que llamaron la «Hermandad Nueva», solo para diferenciarla de la Vieja de Toledo.

Sus miembros, la verdad, eran un poco bestias y su autoridad llegaba más allá de prender al malo; también podían sentenciarlo y condenarlo a muerte mediante la bonita técnica del «asaetamiento en descampado»; es decir, coserte a flechazos en mitad de un sembrado. Solo los miembros de la Santa Hermandad, caballeros y gente noble en sus inicios, tenían autoridad por disposición de sus católicas majestades para aplicar esta forma de ejecución. Años después llegó el buenazo de Carlos I, reconoció que sus abuelos eran unos brutos y ordenó que la Santa Hermandad, cuyos integrantes no siempre tenían buena puntería como para acabar rápidamente con los condenados, primero los ahogara y después los cosiera a flechazos. Dolía menos.

Según las normas del año 1476, la hermandad tenía derecho a actuar sobre los siguientes delitos, llamados «casos de Hermandad»: asalto en los caminos, robos de muebles o semovientes en despoblado, muerte, herida e incendio de mieses, viñas y casas, también en despoblados. Queda claro que todos los delitos afectan al mundo rural (la delincuencia en las ciudades era otra historia), porque eso de semoviente es lo mismo que decir, por ejemplo, una vaca. Se trata de un término jurídico que se refiere a algo que es de tu propiedad, pero que se puede mover por sí mismo. O sea, las cabezas de ganado o un burro.

Sin embargo, la hermandad que montaron los Reyes Católicos fue una chapuza con la que, además, se les vio el plumero: aparentemente pretendían formar una especie de policía para ayudar a los paisanos, pero a todos los reclutados los empleaban luego en sus campañas militares, con lo cual el ciudadano seguía desasistido cuando necesitaba un guardia, ya que la mayoría estaba guerreando, no protegiendo. De hecho, los últimos años de la Reconquista coincidieron con lo que los expertos llamaron una «epidemia de bandidaje rural» porque los reyes estaban usando a todos los miembros de la Santa Hermandad como soldados en su guerra contra el moro, dejando a pueblos y ciudadanos desamparados. Aquella policía nacional fue una ruina y se mostraron más efectivas las otras santas hermandades, las de ámbito comarcal.

En la época de Cervantes, la Santa Hermandad, aunque no era un ejemplo de funcionamiento, ya estaba más o menos organizada. Poco a poco las formas se relajaron y los cuadrilleros dejaron de tener que ser nobles para poder ser simples villanos; villanos que recorrían los caminos de cuatro en cuatro —de ahí lo de «cuadrilla»— o se instalaban solos en una venta. Ya no podían tomarse la justicia por su mano. Para prender a alguien, a no ser que lo pillaran con las manos en la masa, tenían que llevar un mandamiento judicial como el que se negó a atender don Quijote cuando en la refriega de la venta le leyeron la orden de arresto por haber liberado a los galeotes.

Y también había entre los cuadrilleros un buen puñado de caraduras. Los venteros, por ejemplo, que se sumaban a la Santa Hermandad porque eso los protegía ante sus propios desmanes. Un cuadrillero que fuera dueño de una venta podía darte gato por liebre o cobrarte de más, y daba igual que gritaras aquello de «¡Favor a la Santa Hermandad!», porque el ventero decía: «Yo mismo… qué se le ofrece». Y los clientes achantaban.

Los cuadrilleros de la Santa Hermandad comenzaron siendo muy formales y hasta iban uniformados, pero luego ya se los diferenciaba solo por otros atributos: la media vara verde, una especie de bastón que tenían que llevar siempre consigo o arriesgarse a perder el oficio y el salario; la espada y un canuto de hojalata que llevaban colgado a la cintura con los documentos que acreditaban su condición.

El uniforme de la Santa Hermandad fue verde en sus principios. Vestían de este color para que fueran poco vistos cuando recorrían los campos, aunque es difícil imaginar cómo se camuflaba en pleno verano manchego un tipo vestido de verde. No iba de incógnito, iba llamando la atención. Más tarde utilizaron una camisa de ese color y, encima, un chaleco de cuero, de tal forma que solo asomaban las mangas. De entonces nos ha llegado esa expresión de «a buenas horas mangas verdes» para cuando la ayuda llega demasiado tarde.

Y un último asunto, al menos para intentar derribar el mito: la Guardia Civil no tiene nada que ver con la antigua Santa Hermandad. Hay muchos textos circulando por ahí en los que se menciona que la creación del cuerpo de la Benemérita se inspiró en la Santa Hermandad, que en algunos sitios estuvo activa hasta bien entrado el siglo XIX, aunque funcionaba de pena y no había nada que copiar de ella.

La comparación viene de algunos textos patrioteros antiguos en los que alguien se empeñó en retorcer la historia equiparando la creación de la Santa Hermandad durante el reinado de Isabel la Católica y la de la Guardia Civil, que se fundó durante el reinado de Isabel II. Esta tontería se ha ido repitiendo y amplificando, pero en los textos fundacionales de la Guardia Civil no se menciona a las santas hermandades para nada, porque no les hubiera hecho ningún favor. Este cuerpo se inspiró en dos modelos policiales: los gendarmes franceses y los *mossos d'esquadra*, esta sí, una policía antigua.

Cómicos de la legua

Los farsantes inofensivos

Pocas alegrías tenían las gentes de aldea de aquellos siglos XVI y XVII cervantinos y deprimidos. Un día cualquiera, trabajar mucho y comer poco; y al día siguiente, trabajar más y comer menos. En el mundo rural la vida era sota, caballo y rey, pero el poco tocino que tenían o la escasa olla de berzas la compartían con gusto si por el pueblo, la venta o el cortijo se arrimaba una compañía de farsantes que representaba algún retazo de comedias de las que triunfaban en la corte. Aunque no siempre se podía hablar de compañía, porque también había mucho espabilado que por recitar dos versos seguidos pretendía vivir de balde.

Había de todo, pero todos cumplían su función educadora. Hasta los peores. Alonso de Salas Barbadillo, un dramaturgo contemporáneo de Cervantes, en su obra *Coronas del Parnaso* hablaba de un cómico condenado «a galeras perpetuas por ser mal representante y peor poeta». Pero hasta los cómicos más mantas, hasta las compañías de cómicos más cutres eran útiles porque no solo llevaban divertimento, también suponían lo más cercano que personajes como Sancho Panza y su familia podían estar de la cultura. Con casi un 90 por ciento de la población campesina analfabeta, la literatura oral, la que entraba por las orejas y se retenía en los sesos, mal que bien, culturizaba a la población. Era la enseñanza del medio rural.

Con una de esas compañías de cómicos se dieron de bruces don Quijote y Sancho. En la tercera salida se encuentran con una carreta llena de gente, todos vestidos muy raros. «Somos recitantes de la compañía de Angulo el Malo», les dicen. «Hemos hecho en un lugar que está detrás de aquella loma, esta mañana, el auto de *Las cortes de la muerte*, y hémosle de hacer esta tarde en aquel lugar que desde aquí se parece; y por estar tan cerca y excusar el trabajo de desnudarnos y volvernos a vestir, nos vamos vestidos con los mesmos vestidos que representamos». Por eso el hidalgo y su escudero se quedan pasmados ante un paisano disfrazado de demonio, otro de la Muerte, un emperador con corona, Cupido, un ángel, y varios personajes más entre los que iba un caballero armado de punta en blanco.Y por cierto, ya que estamos… que el Quijote también sirve para saber de dónde vienen esas frases que decimos sin saber por qué... Lo que ahora ha quedado como ir de punta en blanco nada tiene que ver con entonces. Ahora parece que ir de punta en blanco es ir como un pincel, muy arregladito y muy aseado, pero en aquella época, si te encontrabas con alguien de punta en blanco… mejor apartarse... por si acaso. Significaba que llevaba las armas desnudas, muy afiladas, puntiagudas; es decir, el caballero iba armado de punta en blanco, listo para entrar en combate o para atacar. Precisamente de esta expresión deriva que consideremos una navaja o un cuchillo armas blancas por ser afiladas y puntiagudas.

Entre los faranduleros había clases, como en todo. Los había de primer orden, que trabajaban en las llamadas compañías reales y de título, avaladas por la Corona, con buen vestuario y mejor sueldo, que para eso se dedicaban a los estrenos. Eran, como los definió Sancho para evitar que don Quijote arremetiera contra ellos, «gentes favorecidas» que siempre se libraban de la justicia hicieran lo que hicieran porque divertían al personal. Y razón tenía, aunque Sancho no había visto en su vida una compañía real. Sus integrantes ponían el teatro al servicio del poder, y luego los cómicos de la legua, los ambulantes, copiaban retazos de esas obras y llevaban su representación por los pueblos.

Sancho solo conocía la morralla, la que se agrupaba bajo nombres muy graciosos: el bululú, la gangarilla, el cambaleo, el ñaque, el guirigay... dependiendo de cuántos farsantes integraran la compañía. El bululú era lo más arrastrado de la profesión de actor, un representante solo que se desplazaba a pie y que recitaba malamente algún retazo de comedia o una loa. Una especie de monologuista a los que Quevedo definió como un «bufo farandulero miserable».

Lo de farándula ha quedado para definir la profesión y el ambiente que rodea a los actores, pero no siempre ha sido así. Antes, la farándula era casi una compañía, pero sin llegar a serlo, y así la definió Agustín de Rojas en su obra *El viaje entretenido*: «Farándula es víspera de compañía: traen tres mujeres, ocho y diez comedias, dos arcas de hato; caminan en mulos de arrieros y otras veces en carros, entran en buenos pueblos, comen apartados, tienen buenos vestidos, hacen fiestas de Corpus a doscientos ducados y viven contentos los que no están enamorados».

Y atentos a cómo definió el Ñaque, porque seguro que nos suena... y mucho: «Ñaque es dos hombres que no llevan sino una barba de zamarro, tocan el tamborino y cobran a ochavo. Estos hacen un poco de un auto, un entremés y dicen unas octavas y dos o tres loas. Viven contentos, duermen vestidos, caminan desnudos, comen hambrientos, espúlganse en verano entre los trigos y, en el invierno, no sienten con el frío los piojos...». Este texto de 1603, con una ligerísima variación, nos trae a la cabeza la canción de Víctor Manuel «Cómicos».

Ahora hay tortas por ser actor, pero algunos de aquellos cómicos de la legua no ejercían por vocación. Muchos tenían otros oficios, pero bien porque les gustaba la vida errante y picaresca, bien porque necesitaban dinero, salían a buscarse la vida por los caminos. De ahí nació la copla: «A la farandulica, faranduleros; a la farandulica, que no hay dineros».

El teatro ha sobrevivido gracias a aquellos recitantes, cómicos, faranduleros, que no frenaron su paso ante la peste y las guerras porque le tenían más miedo al hambre. Ahora le tienen miedo al 21 por ciento de IVA. Los cómicos de la legua transmitieron cultura a cambio a veces de un trozo de longaniza y gracias a ellos los más zoquetes tuvieron noticias de grandes héroes y de gloriosas historias.

¿Vendrá de aquella época lo de desearse suerte entre actores diciendo eso de «mucha mierda»? Pues lo cierto es que el origen no está claro, porque es la típica frase que pasa de boca en boca y resulta que nadie ha tomado apuntes de cómo empezó todo. Ahora escuchamos mucho eso de desearse suerte en los estrenos diciendo «mucha mierda», pero según algunas fuentes, el grito inicial era: «¡Mierda, mierda!». La explicación más extendida y la más urbana, aunque no por ello la más cierta, dice que si en el camino hacia el teatro había un reguero de estiércol de los animales significaba que mucha gente había ido a ver la obra, luego le estás deseando que haya eso, mucha mierda como indicador de éxito. Puede valer, pero hay otra versión más rural y que tiene más que ver con los cómicos de la legua, los que iban buscando lugares donde hubiera más gente para representar y recoger más propinas. Ellos no cobraban, pasaban la gorra. Si no les habían contratado previamente, los cómicos observaban los pueblos, las aldeas, y si en los caminos de entrada encontraban mucho estiércol reciente, señal era de que había feria o mercado y, por tanto, muchos potenciales espectadores. Gritaban eso de «¡mierda, mierda!» y allí representaban. Donde hubiera más caca.

Los moriscos

Drama humano y demográfico

En la mañana del 3 de octubre de 1609, en el Grao de Valencia, se apelotonaron quince mil seiscientos quince valencianos esperando embarcar en decenas de galeras que los iban a trasladar a Berbería. Las orillas del Grao eran un hervidero de familias enteras, pero, sobre todo, de familias rotas. Embarcaban con lo justo, prácticamente con lo puesto, y solo llevaban billete de ida que, encima, se habían tenido que pagar ellos. Eran los primeros 15.615 moriscos expulsados de España. Después les tocó a los aragoneses, catalanes, extremeños, castellanos y murcianos. Y así, hasta redondear la bonita cifra de 300.000 españoles arrojados de su país. ¿Qué demonios había pasado para llegar a ese extremo?

Pues pasó que, a partir de los Reyes Católicos, la cosa se fue enredando de mala manera a lo largo del siglo XVI y a Miguel de Cervantes le tocó vivir de cerca cómo se fue enmarañando la situación hasta acabar siendo testigo directo de una de las mayores tragedias humanas, demográficas y económicas que vivió España.

Ya es archiconocido que en los principios de aquellos reinos de sus católicas majestades había moros, judíos y cristianos. Y también tenemos fijado aquel año de 1492 en el que Isabel y Fernando ordenaron expulsar a los judíos porque la diabólica Inquisición, con Lucifer Torquemada a la cabeza, se puso muy plasta con el tema. Si hacemos una sencilla resta nos sale que, tras la expulsión de los judíos, solo quedaron moros y cristianos. Lo lógico es preguntarse, ¿por qué expulsaron a los judíos y no expulsaron a los musulmanes si los reyes católicos no querían en el país a ninguno de los dos? Pues porque cuando Isabel y Fernando completaron la Reconquista, en los acuerdos de la rendición de Granada, en aquellas famosas capitulaciones de Santa Fe, se firmaron unas condiciones que permitían a los moros vencidos conservar su religión, sus costumbres y su lengua. Condiciones, que, por supuesto, los Reyes Católicos ya tenían previsto saltarse a la torera a la mínima oportunidad.

Y, antes de seguir, una aclaración para no hacernos un lío con los términos que se manejaban entonces para diferenciar musulmán, mudéjar y morisco, siempre sin perder de vista que los tres tipos eran ciudadanos nacidos en este país. Se llamaban musulmanes a los que vivían en los territorios españoles bajo control de los reyes islámicos. Pero cuando ya mandaban los Reyes Católicos, estos musulmanes pasaron a llamarse mudéjares, aunque seguían manteniendo su religión. Más claro: los mudéjares eran los mismos musulmanes pero después de la Reconquista, viviendo ya en territorio cristiano. Y luego estaban los moriscos, que eran los que cambiaron de religión, los musulmanes que se bautizaron y pasaron a ser cristianos.

La paz social en la Granada reconquistada duró lo que duró, porque se creían los Reyes Católicos que haciendo una simple campaña evangelizadora habría tortas entre los mudéjares por pillar los primeros sitios para bautizarse. Pero no ocurrió así, porque los mudéjares siguieron a lo suyo, mirando a La Meca. Así que, allá por 1499, al cardenal Cisneros le dio un subidón de mala leche, entró en Granada como un elefante en una cacharrería y organizó una gigantesca hoguera con todos los Coranes y los libros en árabe que pilló. Esto cabreó mucho a los mudéjares, y el cabreo derivó en una rebelión que los Reyes Católicos tardaron dos años en sofocar.

Estaba claro que aquellos moros no iban a entrar por el aro, y puesto que no se iban a convertir por las buenas, hubo que convertirlos por decreto ley. La Iglesia y la Corona sacaron la cachiporra de convencer y les dijeron a los mudéjares: «Ya estáis pasando todos por la pila bautismal o hacéis las maletas y os largáis del país».

Evidentemente, se bautizó el 99,9 por ciento, porque no tenían más país que este. Aquí llevaban empadronándose desde hacía 800 años. ¿A dónde se iban a ir? Casi hubo que bautizarlos con manguera para atender aquellos bautizos masivos. Cualquier cabeza mínimamente espabilada deducirá que cuando te bautizan en masa, a la fuerza y bajo amenaza, no significa que hayas cambiado de dios, es que no te queda otra. Es más, el nuevo dios entra en tu vida con mal pie.

Pero el caso es que así fue como, al menos de forma oficial, en España ya solo quedaron cristianos: los que se llamaron cristianos viejos, los de toda la vida, y los moriscos, que eran los musulmanes recién bautizados y también conocidos como cristianos nuevos. La España de las tres culturas se había ido al garete.

Aún faltaban cuatro siglos para que naciera Miguel de Unamuno y soltara aquella famosa frase de «Venceréis, pero no convenceréis», aunque nos sirve igual. Porque eso ocurrió con los moriscos, que los vencieron pero no los convencieron; por eso muchos de ellos siguieron a su bola, a sus rezos y a sus costumbres. Otros, en cambio, no. Se convirtieron convencidos y fueron buenos cristianos. Y a otros tantos les daba exactamente igual Dios o Alá, porque ninguno de los dos les daba de comer. O sea, que de todo había.

Los años pasaron y la convivencia entre cristianos viejos y moriscos... pues, depende... a veces iba mejor, a veces peor, a veces no iba... según el grado de hostigamiento de cristianos a moriscos; según el grado de cabreo de los moriscos con los cristianos. Y así nos plantamos en 1526, cuando el emperador Carlos V montó una reunión de urgencia en la capilla real de Granada y de allí salió una retahíla de ordenanzas que se resumen en una: los moriscos tenían que abandonar totalmente sus signos de identidad. Es decir, se acabó hablar en árabe, fuera los amuletos islámicos que llevaban colgados del cuello (tenían que sustituirlos obligatoriamente por crucifijos), fuera también el velo femenino, se acabó la circuncisión, nada de sacrificar reses mirando a La Meca, nada de vestirse a la moruna... nada de nada de nada que oliera a musulmán. Pero la cosa no pasó a mayores, porque a Carlos V le encajaba muy bien esa sentencia que varios siglos después le oímos a Groucho Marx: «Estos son mis principios. Si no le gustan, tengo otros». Ocurrió que, pese a que las ordenanzas se aplicaron de inmediato, con la misma rapidez se suavizaron. El emperador acababa de casarse con la monísima Isabel de Portugal y, aprovechando esta circunstancia, una delegación de moriscos le entregó un donativo de 90.000 ducados como regalo de boda a cambio de que abriera la mano. Carlos V trincó la pasta, los moriscos siguieron con sus costumbres y aquí paz y después gloria.

Y la vida siguió. Y Carlos V se murió. Y llegó al trono su niño Felipe II, un católico un tanto exaltado que se puso duro con los moriscos y reactivó las medidas que su padre había dejado en suspenso. Empezó Felipe II por apretarles las tuercas a los granadinos prohibiéndoles exportar seda, que era uno de sus principales ingresos; después apretó más subiéndoles los impuestos y remató la jugada con un decreto que prohibía la lengua, la vestimenta, los bailes y hasta los instrumentos musicales árabes. Y también les prohibió que se lavaran tanto porque eso era un signo islámico. Y, claro, se armó. El virrey de Granada, el marqués de Mondéjar, un cristiano intachable y más que razonable, intentó decirle a Felipe II que se estuviera quieto... que no era momento... que en las Alpujarras se estaba pasando mucha hambre como para que los ahogaran más. Ni caso. El rey, a lo suyo.

Aquel fue el caldo de cultivo que llevó a la famosa rebelión de las Alpujarras, que empezó aquella Nochebuena de 1568 y en la que los moriscos acorralaron a unos oficiales de la Corona y se los cargaron. La rebelión se extendió por toda la ladera sur de Sierra Nevada y tomó el mando Fernando de Córdoba y Válor, que, aunque su nombre suene a cristiano, decidió renunciar al bautismo y tomar el nombre de Abén Humeya. La guerra se alargó durante dos años en los que se pasaron de vueltas los moriscos y se pasó también Felipe II con la represión, pero es que con las guerras de religión se pasa todo el mundo, porque cuando aparece dios por la puerta, la razón sale por la ventana.

Los moriscos fueron vencidos, expulsados de las Alpujarras y diseminados por Castilla.

Estaba claro que el problema de la convivencia no acababa de solucionarse, y así se llegó a 1582, cuando el Consejo de Estado le dijo a Felipe II que había que expulsar a los moriscos ya. Pero el rey no acababa de decidirse a dar un paso que, bien sabía él, traería consecuencias terribles y temibles. En España cada vez se pronunciaba más la palabra «expulsión» y cada vez había más enfrentamiento dentro del gobierno entre los partidarios de ella y los que apostaban por tener paciencia y seguir evangelizando hasta lograr la total integración.

No todo el alto *staff* eclesiástico estaba de acuerdo con arrojar a los moriscos fuera de su país, porque los más listos sabían que una decisión tan drástica traería unas consecuencias económicas que acabarían salpicando a todos. Pero Felipe II se murió, y con él se murió esa prudencia que le caracterizó en algunas cosas; solo en algunas cosas, porque en otras fue un soberano imprudente. Al correr el escalafón, llegó al trono el lerdo de Felipe III, y esa era una muy mala noticia para los moriscos.

Al nuevo rey le siguió presionando el Consejo de Estado, le metió más presión la Iglesia y alguna que otra orden religiosa dio también su empujoncito para que se decidiera a dar la orden de expulsión. Pero Felipe III, ya se sabe, no daba un paso sin el permiso de su valido, el duque de Lerma, que más que su valido parecía su novio. El valido decía que por aquí, y el rey por aquí. Que luego por allí, pues por allí. Con tal de no pensar, Felipe III hacía lo que le dijeran. Y mientras el duque de Lerma no estuvo convencido de lo oportuno de expulsar a los moriscos, el rey no los expulsó. Pero en cuanto el duque cambió de idea, le dijo al rey «Firma aquí» y el rey firmó en septiembre de 1609 el primer bando que ordenaba la expulsión de todos los moriscos valencianos. Inmediatamente después les tocó el turno a los de Murcia y Andalucía y a principios de 1610 la desgracia alcanzó a las dos Castillas y Extremadura. Desde entonces, la historia recuerda la expulsión de los moriscos como uno de los mayores dramas humanos rubricado por la ineptitud de un rey.

Ciertamente, muchos moriscos mantenían a escondidas los preceptos musulmanes; otros, que bastante tenían con partirse el lomo a trabajar, se interesaban a partes igualmente escasas por Alá o Dios Padre; y otros se convirtieron en cristianos convencidos. Pero dio igual. A todos se les metió en el mismo saco, en las mismas galeras camino del exilio.

Muchos expertos se han afanado en llenar el vacío estadístico en España a principios del XVII y las propuestas calculan que eran entre seis y ocho millones los habitantes de este país; teniendo en cuenta que los cálculos dicen que fueron expulsados entre quinientos y novecientos mil moriscos, queda claro que España sufrió un grave despoblamiento. Los campos se quedaron sin brazos que los trabajaran; los comercios, cerrados; muchos señores, sin sus criados. La economía, en dos palabras, se fue a pique.

Con los moriscos nunca ha quedado claro qué fue antes, si el huevo o la gallina. ¿Los expulsaron por ser considerados enemigos o acabaron siendo enemigos por las constantes amenazas de expulsión? El cervantista Diego Clemencín lo definió muy bien hace siglo y medio: «Como forzados, fueron malos cristianos; como malos cristianos, perseguidos; como perseguidos, se hicieron enemigos, y como enemigos, se los exterminó».

Luego llegó la gran paradoja. En este país no los quisimos por ser malos cristianos y en Berbería los rechazaron por proceder de la España cristiana y estar bautizados.

Comidas de pobres y ricos

La bella Inés, el jamón y berenjenas con queso

Cervantes dejó su obra bien aderezada con todo tipo de comidas. Arranca *El Quijote* con el menú semanal en casa del ingenioso hidalgo («una olla de algo más vaca que carnero, salpicón las más noches, duelos y quebrantos los sábados, lentejas los viernes, algún palomino de añadidura los domingos»), y hasta el verdadero autor del cuento, Cide Hamete Benengeli, acaba rebautizado como Cide Hamete Berenjena por Sancho Panza, porque Sancho no tenía otra cosa en la cabeza que no fuera comer.

El escudero pensaba en llenar el estómago a cada paso que daba. Tres veces se pone como el Quico a lo largo del libro: en las bodas de Camacho, en la mesa del caballero del verde gabán y en la de los duques que le nombraron gobernador de la ínsula Barataria. En el resto de páginas ha de conformarse con su dieta habitual: ajos, cebollas, cecina y pan.

Si se era pobre, no había otra cosa que comer en las aldeas manchegas de los albores del siglo XVII. «Los labradores —escribió el confesor del rey Felipe IV— se sustentan almorzando unas migas o sopas con un poco de tocino. A mediodía comen un poco de pan con cebolla, ajos o queso, y así pasan hasta la noche, en que tienen olla de berzas o nabos, o cuando más un poco de cecina con alguna res mortecina». De nutritivo nada, pero llenaba el estómago.

Lo de los ricos era otra cosa, aunque no muy sana. Para las gentes de entonces las frutas tenían un pase, pero ¿y las verduritas?... En general, todo lo que no llevara colesterol, a ser posible del malo, no les hacía mucha gracia. Y todo era muy grasiento; calorías por un tubo, a lo bestia. Una buena mesa de rico a finales del siglo XVI y principios del XVII debía tener a lo largo de la semana terneras, lechones, palominos, liebres, carneros, gallinas y conejos. Todo guisado, asado, cocido o escabechado con mucho condimento: pimientas, canela, clavo, mostaza... Mucho vino para beber y mucho pan para mojar. Y queso curado por si te quedabas con hambre. Toma dieta equilibrada.

En el Siglo de Oro los endocrinos se hubieran pegado un tiro.

No estaba de moda entonces eso de «esta noche solo voy a tomar un yogur». Por muy abundante que fuera, la alimentación del rico no era saludable. De los tomates ni hablar, porque hasta el siglo XVIII se consideraron venenosos. Esa cosa redonda, roja y como con agüilla por dentro no podía ser buena. Cómo no iba a serlo si los cultivaban y los consumían los nativos centroamericanos desde hacía siglos. De no ser saludables, estarían todos muertos cuando llegaron los españoles. Por aquel entonces, cuando los tomates sabían a tomates, nadie los quería y ahora andamos como locos intentando pillar alguno que sepa.

El pimiento también había llegado de América, pero nadie sabía cómo utilizarlo. Y el pepino existía pero era una hortaliza un poco tonta a la que nadie le sacaba el gusto, por ello quedó descartado el gazpacho fresquito en los siglos XVI y XVII. Los conocía Sancho, es verdad, pero eran los gazpachos calientes, los que se hacen con carnes de caza troceadas y deshuesadas, que se han cocido en sartén con vino o caldo de carne y que luego se colocan sobre una torta finita de pan ácimo. A continuación le pones por encima un majado de higadillos y especias… y a comer. Calórico, por supuesto. Era alimento de pastores, de gente de campo. El *Diccionario de autoridades* dice que se trataba de una comida regular de segadores y gente rústica.

Esto del gazpacho parece patrimonio solo del verano y muy asociado al sur, pero no es así. Existía antes de que nadie en este país hubiera visto un tomate y se comía en muchas zonas de muchas maneras, como demuestra el hecho de que el término ya aparezca en *El Quijote*. Sancho dice: «Más quiero hartarme de gazpachos, que estar sujeto a la miseria de un médico impertinente que me mate de hambre». Se refería, claro está, a los gazpachos calientes.

Ni siquiera las patatas pudieron paliar el hambre, y eso que en la época en que Sancho y don Quijote iniciaron sus correrías ya habían venido de América. La culpa, puestos a buscar culpables, fue de Felipe II. Le enviaron desde las Indias el tubérculo porque se consideraba un alimento muy nutritivo, y al rey no se le ocurrió otra cosa que mandárselo al papa Pío V a ver qué le parecía. Al pontífice no le supieron a nada y así se lo hizo saber al rey. Como la crítica venía directamente de Roma, para qué queremos más; el tubérculo se quedó en España como planta ornamental y para dar de comer a algunos ganados. Con lo que hubiera disfrutado Sancho zampándose una buena tortilla de patatas.

La tortilla estaba a la orden del día, pero era la que se conocía como tortilla de huevos. Sin embargo, había que tener mucho cuidadito con dónde la comías y quién te la preparaba. En el *Guzmán de Alfarache*, la novela picaresca que escribió Mateo Alemán, contemporáneo de Cervantes, el autor describe el momento en el que llega muerto de hambre a una venta y le dicen que solo pueden darle una tortilla de huevos. Cuenta que no estaría mal si fueran huevos sanos, porque la bellaca de la ventera los tenía empollados y, para no tirarlos, los mezclaba con los huevos buenos. Sigue el Guzmán narrando que le puso de comer media hogaza de pan más negra que los manteles de la venta y que luego le sacó una tortilla que mejor pudiera llamarse emplasto. «Comí como el puerco a la bellota, aunque sentía crujir entre los dientes los tiernecillos huesos de los desventurados pollos». Y es que se pasaba demasiada hambre como para desperdiciar una tortilla porque alguno de los huevos hubiera salido empollado. Si era así, te comías el pollo.

Sancho, en la primera salida con don Quijote, lleva consigo una cebolla, unos cuantos mendrugos de pan y un poco de queso, y eso que esto último estaba desaconsejado por los médicos del siglo XVI. Se consideraba un comestible poco saludable y especialmente dañino para los melancólicos. Recomendaban comerlo en muy pequeñas cantidades y nunca añejo. Consejos, evidentemente, para nobles, reyes y señorones, porque si un médico le dice a un labriego que renuncie al queso manchego curado, al matasanos le falta campo para correr. De hecho, había un refrán por entonces que Sancho nunca pronunció, es de suponer que porque no le convenía: «Ni comas mucho queso, ni de mozo esperes seso».

Sancho es un personaje que permanentemente tiene hambre, porque hambre es lo único que ha acumulado durante años. Quien ha pasado necesidad dice que la sensación del hambre no se olvida nunca.

La más cruel de las muertes es la del hambre, y de hambre y epidemias murieron cientos de miles de españoles en Castilla y Andalucía a finales del XVI y principios del XVII. En el otro platillo de la balanza estaban los grandes señores, que despilfarraban a manos llenas porque una mesa variada y copiosa dejaba clara la ilustre sangre del anfitrión. El arzobispo Juan de Ribera, por ejemplo, ofreció a solo un puñado de invitados, en una comida del Domingo de Pascua a finales del siglo XVI, la siguiente barbaridad: 24 pollos asados, 24 pasteles, 1 cordero pascual, 24 palominos caseros, 3 cabritos asados, 5 gallinas cocidas, 1 carnero, tortas de requesones y 2 quesos. Es de suponer que esa frase de comer como un cura viene de entonces.

Y como de comida va el asunto, para el postre viene bien rematar con los versos de un poeta contemporáneo de Cervantes, Baltasar de Alcázar:

Tres cosas me tienen preso
de amores el corazón:
la bella Inés, el jamón
y berenjenas con queso.

Duelos y quebrantos de cabeza

La comida más discutida

No hay en el mundo —no en La Mancha, en el mundo— un plato más polémico y discutido que el de duelos y quebrantos. Todavía no nos hemos puesto de acuerdo con sus ingredientes, y mucho menos ahora con tanto restaurador y gastrónomo de fama corrigiendo y aumentando la receta.

El conflicto parte de la propia terminología del plato: *duelos* y *quebrantos*, dos voces extrañas para bautizar un manjar. Uno de los cervantistas más beligerantes con este asunto fue Francisco Rodríguez Marín, allá por los años cuarenta del siglo pasado. Se encendía cada vez que otros estudiosos le discutían los ingredientes y no escatimó insultos educadísimos a quien le llevara la contraria.

Recordemos solo un par de teorías contra las que luchó Rodríguez Marín y luego la explicación con la que sentó cátedra. Las cuatro primeras ediciones del Diccionario de la Real Academia Española definieron el plato como tortilla de huevos y sesos, pero antes de que apareciera la quinta, a otro cervantista, Juan Antonio Pellicer, se le antojó decir que en algunos lugares de La Mancha era costumbre que los pastores llevaran a casa de sus amos las reses que se morían o quebrantaban un hueso durante la semana. Con estos huesos quebrantados y con los extremos de estos animales se preparaba la olla que se comía en sábado. Los dueños de las reses saboreaban este plato con duelo, porque significaba que su rebaño tenía un animal menos. Esta fue la teoría de Pellicer sobre los duelos y quebrantos, teoría que hizo suya la Real Academia desde la quinta edición hasta la decimotercera; definición que cambió en la decimocuarta y volvió a modificar en la decimoquinta. Ningún término ha dado tantos quebraderos de cabeza a los académicos como este de duelos y quebrantos.

Otra especulación intenta dar significado al plato con el siguiente argumento: si el viernes era un día de abstinencia de carne, el sábado lo era de semiabstinencia; es decir, uno no se podía comer un chuletón o una pata asada de cordero, pero sí los sesitos, las cabezas, los pies y las manos de los animales. La conciencia religiosa y el buen yantar siempre han hecho malas migas, así que los más atrevidos y tramposos comenzaron a añadir la asadura, el tocino magro, los brazuelos, el pescuezo y el rabo, que aderezado con huevo se guisaba en olla o se freía en sartén. Todo esto se consideraba un abuso y en algunos provocaba cargo de conciencia; se lo comían con dolor, con duelo, porque en el fondo sabían que quebrantaban la ley del ayuno.

Rodríguez Marín no admitió ni una ni otra teoría y defendió a golpe de conferencia y pluma su propia hipótesis: en primer lugar, los duelos y quebrantos se hacen en sartén, ni cocidos ni guisados en olla, y son, única y exclusivamente, huevos con torreznos. En segundo lugar, tan común y vulgar era llamar a los huevos con torreznos «duelos y quebrantos» como «la merced de Dios», porque hasta el manchego más pobre tenía una gallina que pusiera huevos y un trozo de tocino secando en la cocina. «La merced de Dios», la tortilla de huevos con torreznos, era lo que nunca faltaba en una casa, en un hogar donde solo se padecían duelos y quebrantos.

Rodríguez Marín se alzó por encima de todos los demás estudiosos y logró que la Real Academia aceptara a partir de su decimoquinta edición, la de 1925, los duelos y quebrantos como «fritada de huevos y grosura de animales, especialmente torreznos o sesos». La misma definición que hoy, noventa y un años después, se mantiene. El académico se murió sin conseguir que se eliminaran las palabras grosura y sesos, pero ganó la guerra.

Así que no le demos más vueltas. Admitamos que duelos y quebrantos son huevos con torreznos, aunque solo sea para que Rodríguez Marín no se levante de su tumba y nos dé con una sartén en la cabeza.

Matrimonio

Fiestas de guardar y días de mojar

Don Quijote era un poco veleta en sus opiniones sobre el matrimonio. Tan pronto pensaba que la mujer debía casarse siguiendo su voluntad, como decía que las hijas estaban obligadas a someterse a la opinión del padre, porque si no acabarían enamoradas de criados. Tras hacer este comentario en las bodas de Camacho, cuando se produjo el matrimonio tramposo entre la hermosa Quiteria y Basilio el Pobre, volvió a alabar el casarse por amor. Pero en aquel siglo XVII, salvo en la pluma de poetas y escritores como Cervantes, el matrimonio era cualquier cosa menos un refugio de afectividad. Las gentes se casaban porque había que casarse. ¿Qué iban a hacer si no?

Los libros de caballerías, sin embargo, contribuyeron a que el amor se impusiera sobre la conveniencia social. Luis Vives recomendaba que las mujeres no accediesen a este tipo de lecturas porque fomentaban ensoñaciones eróticas. Las mujeres que sabían leer, o las que no sabían pero tenían oídas las aventuras caballerescas, eran, después de don Quijote, los seres más fácilmente impresionables por los libros de caballerías. Se les llenaba la cabeza de héroes guapos a caballo salvándolas de mil peligros y casándose, por supuesto, solo por amor. Y encima, las mujeres en los libros eran sumamente respetadas y alabadas por los caballeros. Ahí tienen a Dulcinea, que tenía bigote y a don Quijote le daba igual.

Pero la realidad era otra. El matrimonio era un contrato que iba más allá de la libertad personal: era un pacto de convivencia donde debían primar la autoridad, el respeto y la sumisión, pero no el amor. Los padres intentaban buscar buenos partidos para sus hijas; las hijas soñaban con caballeros ideales, y los casaderos buscaban a chicas guapas. No había forma de ponerse de acuerdo, porque no siempre confluían dinero, belleza y bondad de una y otra parte. Quienes más fácil lo tenían eran parejas como Sancho y Teresa Panza. Pobres de solemnidad. Como nada poseían y no eran guapos, el problema quedaba resuelto.

La mujer honesta solo tenía dos salidas: el matrimonio o el convento. No había otra, porque si te quedabas soltera, a ver cómo te mantenías, y encima estabas mal considerada socialmente. Es cierto que existían matrimonios por amor, pero eran los menos, porque si la decisión se había tomado en contra de los progenitores las consecuencias eran la marginación, la pérdida de la herencia y el abandono de los parientes.

El matrimonio de conveniencia, al menos, podía tener una parte divertida: el sexo. Pero tampoco, sobre todo si se guardaban los preceptos de la Iglesia, empeñada en prohibir hasta los tocamientos entre esposos. Sexo sí, pero lo justo para procrear. A mediados del siglo XVI, tras la celebración del Concilio de Trento, quedaron fijados los modelos de fe y las prácticas de la Iglesia. Ni que decir tiene que el divorcio estaba prohibido, pero se admitía como causa de anulación el que alguno de los cónyuges fuera incapaz de consumar el acto sexual. Si no hay cópula, no hay hijos, y si no había hijos, la Iglesia no se empeñaba en que ese matrimonio perdurara.

Pero el Concilio de Trento fue más allá de lo imaginable y estableció la frecuencia sexual dentro del matrimonio. Era la siguiente: las parejas debían abstenerse de tener sexo cuarenta días antes de Navidad, los ocho posteriores a Pentecostés, los miércoles, viernes y domingos (de entonces debe venir eso de sábado, sabadete...), las fiestas religiosas, los días de ayuno, cinco días antes de la comunión y uno después. Es decir, solo quedaban libres de pecado cuatro meses al año.

Ya pueden imaginarse que esto no lo cumplían ni quienes impusieron la norma. Y queda claro también por qué el concubinato estaba a la orden del día y por qué las mancebías afloraban como setas.

Ventas, caminos y putas

Los puticlubs del XVII

Apoyá en el quicio de la mancebía, paso a narrar cómo andaban los asuntos putescos allá por el siglo XVII. Don Quijote no tuvo encuentros destacables con prostitutas, porque donde había rameras él solo veía damas. Doña Tolosa le calzó la espada; doña Molinera, la espuela, y don Quijote no se calzó nada de nada. Primero, porque era un cincuentón casto; segundo, porque no tenía intención y, tercero, porque, como dice el *Cancionero* de Sebastián de Horozco:

El que quiere servir,
siendo solo, a dos señoras,
es imposible cumplir...

La que cumplía cuando podía era Maritornes, que no era ramera al uso, solo un poco casquivana cuando se dejaba caer por la venta algún arriero que cubriera sus necesidades. Cervantes la bautizó Maritornes como a otra podría haberla apodado Maricastaña, Marimandona o Maricomino. Puesto que el servicio que presta la moza de una venta es llevar a los viajeros lo que piden, y todos al pedir algo exigen que torne pronto, con Maritornes se quedó. Poco sospechó Cervantes que con su bautizo dio nombre a una especie entera, porque para el castellano ha quedado, según el Diccionario de la Lengua, que una maritornes es una moza de servicio ordinaria, fea y hombruna.

Ordinaria y fea, pero no puta. Las rameras que don Quijote se encuentra en la venta, que no se habían visto en otra cuando tuvieron que armarle caballero, eran simples mujeres que llamaban del partido, las prostitutas más desgraciadas, las que andaban sueltas por los caminos acompañando a los arrieros y a las compañías de soldados para cuando quisieran servirse de ellas. Con ellas se apañaban en las ventas donde pararan o a la sombra de una encina, dependiendo de cuánto apretara la necesidad: «Estaban acaso a la puerta dos mujeres mozas, destas que llaman del partido, las cuales iban a Sevilla con unos arrieros que en la venta aquella noche acertaron a hacer jornada».

Don Quijote se encuentra a esas dos mozas en la venta porque van acompañando, en este caso, a unos arrieros, aunque también acompañaban a soldados. Esta era una forma de prostitución perfectamente consentida porque se trataba de tenerlos contentos. Además, las mozas del partido no solo servían para el sexo, también ayudaban a cargar las armas, si estaban malitos los cuidaban, preparaban la comida… chicas para todo. En Galicia se las conocía como mujeres *soldadeiras*. Esto se daba en los ejércitos de casi toda Europa, sobre todo en Francia y Alemania, y aunque todo el mundo sabía que existían, hay poca documentación sobre ellas. Pero Cervantes no necesitaba documentación, las conocía perfectamente porque estaba harto de ir de venta en venta y se cruzaba con ellas constantemente.

Don Miguel entendía bien, en efecto, cómo funcionaba la cosa de la prostitución en aquella época. Y no solo porque más de un burdel visitaría, seguro. Siempre se ha dicho, aunque no sea un episodio muy claro, que tenía la prostitución metida en casa. Sus hermanas Andrea y Magdalena, las famosas *Cervantas*, sacaron buen dinero de sus relaciones sexuales, y tanto el autor como la familia se beneficiaron de esos ingresos. No eran estrictamente prostitutas de mancebía, de oficio, pero lo eran en otro nivel, porque esto de la prostitución tenía tantas formas de ejercerse como se pueda imaginar. Parte del dinero que sirve para liberar a Cervantes en Argel lo consiguen sus hermanas, y no precisamente haciendo encaje de bolillos. De cualquiera de las maneras, dado que la prostitución en todas sus formas estaba a la orden del día en aquel último tercio del XVI, Cervantes trata el asunto de forma muy natural y en *El Quijote* les da a las prostitutas categoría de damas.

La mayoría de las rameras eran pobres labradoras, víctimas de la despoblación del campo y de la miseria en las aldeas. Su sueño era instalarse en las mancebías de las grandes ciudades para poder ejercer el oficio bajo la protección municipal. Muchas, sin embargo, no pasaban de vagar por los caminos. La competencia por hacerse con un puesto de puta municipal, llamémoslo así, era tan feroz que, cuando una ramera moría o enfermaba, su puesto se lo disputaban casi a torta limpia frente a los magistrados.

Sevilla y Valencia eran las ciudades donde más y mejor estaba regulada la prostitución. Las primeras ordenanzas municipales sobre el particular las crearon los gobernantes sevillanos en 1553, seis años después del nacimiento de Cervantes, y luego esas ordenanzas de Sevilla inspiraron las normativas de otras ciudades. O sea, que todo este asunto le pilló de lleno.

Se regulaba el número de prostíbulos, la cantidad de hostaleros y el número de prostitutas a cargo de cada hostalero. Hay que ver cómo cambia el lenguaje. Ahora un hostal es una especie de hotelito. Pero si en el siglo XVI ibas a un hostal, es porque te ibas de putas, y el hostalero era el «propietario» del lupanar... Ese propietario, por lo general, era en realidad arrendatario, porque el verdadero dueño escondía su identidad. Los propietarios verdaderos de los burdeles podían ser la Casa Real, miembros de los organismos municipales, las instituciones eclesiásticas... cinismo puro y duro. El hostalero era el intermediario, pero la gran tajada económica se la llevaban los propietarios ocultos. El hostalero se encargaba de que aquello funcionara bien, de que las mujeres tuvieran todo lo necesario para ejercer su trabajo, de vestirlas y alimentarlas, y de proporcionarles asistencia médica. Les daba alojamiento, que consistía en un mínimo apartamentito, un estudio que se llamaba botica y por el que las mancebas pagaban una renta al intermediario.

Otra curiosidad lingüística esta de la botica y la manceba. Hace cuatro siglos el término estaba más unido a asuntos puteros que farmacéuticos, al menos en Sevilla. Hoy ya está en desuso esa acepción de botica, pero si nos vamos al término «botica» del diccionario, en quinto lugar aparece: «Vivienda o aposento surtido del ajuar preciso para habitarlo». Ahí es donde las instalaban los hostaleros, en la botica, para que las mancebas se amancebaran en la mancebía. Qué cosas tiene la lengua española. El caso es que las chicas pagaban una renta por todos estos servicios, y por lo general lo que sacaban de prostituirse no les llegaba. Acababan muy endeudadas con el hostalero, que terminaba prestando dinero a la mujer; la deuda era cada vez mayor y al final resultaba que terminaban siendo esclavas de los dueños porque no podían abandonar el burdel. Esto llevó a que las ordenanzas incluyeran la prohibición de que los gestores de la mancebía prestaran dinero a las mujeres que tenían en su casa.

Pese a todos estos inconvenientes, las prostitutas andaban a codazos por pillar sitio en una mancebía, porque había un techo digno bajo el que estar, porque se beneficiaban de la visita de un médico a la semana y porque los ingresos eran decentes. Las de muy buen ver, aseadas y bien vestidas, rascaban unos cinco ducados diarios, pero con las que había que apagar la luz se tenían que contentar con menos de un ducado al día.

Los municipios eran tolerantes, y ellas, a cambio, solo tenían que evitar a los hombres casados y usar determinados toques en la vestimenta que las identificaran como lo que eran. Se reglamentó, primero, que las rameras llevaran tocas azafranadas para diferenciarse de las mujeres honradas, pero como las decorosas hicieron moda de esas tocas tan monas, no había forma de distinguir a unas de otras. Se dio un paso más y se obligó a que, prendido en las tocas, las putas llevaran un oropel, un adorno de metal. Pero las mujeres decentes acabaron todas con oropeles en la cabeza y los reglamentos dieron por imposibles a las rameras, a las honradas y a la moda.

La única condición que se les ponía a los clientes era entrar desarmados y que no estuvieran casados. La espada se dejaba en la entrada, vale, pero en los burdeles entraban casados a tutiplén. En cuanto a los días festivos, las prostitutas tenían prohibido trabajar, pero esto era un contradiós, porque precisamente por ser fiesta era cuando más clientes había... campesinos y pastores que iban a la ciudad, los artesanos que cerraban sus tiendas, los soldados y los marineros a los que les daban permiso... Al final hubo que retocar la norma y se vino a decir que el burdel solo podía abrir los domingos a partir de las doce del mediodía. Creían los regidores que poniendo ese horario se emplearía la mañana en acudir a misa. Tanto putas como clientes. A partir de mediodía, cuando se suponía que ya habían cumplido todos, juntitos al burdel.

Así estaban las cosas, porque la prostitución estaba consentida y en ocasiones hasta bien vista. Es más, preferían una prostituta a una cortesana. La cortesana era la que iba buscando trincar a un tipo concreto, que le asegurara acomodo económico, y esto hacía peligrar los matrimonios. Mientras que la prostituta no.

La prostituta daba su servicio, cobraba y el cliente volvía a casa con su legítima esposa. El matrimonio estaba a salvo. Se decía hasta en coplillas:

Aléjate de las cortesanas
si no quieres perder todo lo que tienes.
Son prostitutas como las demás,
pero se venden más caras.

Libros de caballerías

La bellaquería andante

A*madís de Gaula, Belianís de Grecia, Celidón de Iberia, Florando de Castilla, Polidolfo de Croacia, Brufaldoro de Mauritania, Cirongilio de Tracia, Clarián de Landanís, Policisne de Boecia*... Más cursis que un repollo con lazo eran los títulos de libros de caballerías que volvieron loco a don Quijote y todos se ajustan a un patrón: aludían al nombre del protagonista y a la patria de sus heroicidades. Por eso Miguel de Cervantes no encontró mejor lugar para las correrías del ingenioso hidalgo que La Mancha, porque ninguna región de España se prestaba tanto ni era tan conocida del escritor para hacerla patria de don Quijote. En esto acertó, pero don Miguel tuvo una metedura de pata.

Para Cervantes, el primer libro de caballerías impreso en España fue *Amadís de Gaula* y, muy seguro de sí mismo, lo puso en boca de Pero Pérez, el cura amigo de don Quijote. No fue así. Cuando *Amadís de Gaula* se pudo leer en España, ya existía desde hacía diez años *Tirante el Blanco*. El error vino dado porque don Miguel conoció la edición castellana, impreso en Valladolid en 1511, pero este libro de autor anónimo ya se había editado en valenciano en 1490 con el título de *Tirant lo Blanch*.

Como lo que decía el autor de *El Quijote* iba a misa, aún hoy muchos creen su afirmación. *Amadís de Gaula* era para Miguel de Cervantes el primero de su género en Europa, el modelo del que todos los demás tomaron principio y origen. En fin, que no se trata de echar un borrón sobre Cervantes, pero tampoco pasa nada porque conste el error.

Durante todo el siglo XV la nobleza estuvo enfrascada en la lectura de los libros de caballerías, y así continuó durante el XVI, cuando ya se apuntaron todos aquellos que sabían leer. Las mujeres se volcaron con este género de libros y sus protagonistas, y alguien escribió que, incluso las buenas y honradas los leían y repasaban con fruición a escondidas de padres y maridos. Santa Teresa de Jesús fue una devoradora de libros de caballerías, costumbre que cogió de su madre y a hurtadillas de su padre. A Teresa se le fue la pinza como a don Quijote, porque con ocho o nueve años mezcló en su cabeza las aventuras de los caballeros con las vidas de los santos y enredó a su hermano Rodrigo, un año mayor que ella, para fugarse de casa, largarse a Tierra Santa, tierra de infieles, y que allí les dieran martirio y los descabezaran para que así su aventura la recogieran también los libros. La quijotada de Teresa pudo frenarla un tío de los niños que salió tras ellos, los pilló en el camino y los devolvió a casa de una oreja.

Las mujeres, pues, se volcaron especialmente en los libros de caballerías. Se volvían locas con los protagonistas, y las que sabían leer, las nobles, los devoraban a escondidas de los padres y los maridos. A los hombres también les gustaban y admiraban la valentía de los caballeros, pero lo que no les hacía ni pizca de gracia es que las mujeres estuvieran al tanto de lo valientes y guapos que eran los héroes andantes, porque luego veían lo que tenían al lado y... en fin... las comparaciones son odiosas.

Don Quijote no fue el único que defendió como reales las historias de los caballeros andantes. Gran parte de la gente se creía los libros de caballerías a pies juntillas. Los más ignorantes pensaban que cómo podían decir mentira unos libros impresos con aprobación de los superiores y con privilegio real. De hecho, nuestro hidalgo no fue el único en el que se cebó la locura caballeresca. Hay varias referencias históricas sobre lo perniciosos que eran para la mente los libros de caballerías. Un texto fechado en 1600, cinco años antes de la aparición de *El Quijote*, cuenta que un estudiante de Salamanca, en vez de dedicarse a sus lecciones, perdía los días en leer libros de caballerías, hasta que se le fue la cabeza de tal modo que un día lo encontraron dando grandes voces en su cuarto y a espadazos con un enemigo imaginario. Otro texto anterior a 1599 relata que un caballero honrado, manso y cuerdo perdió las luces e imitó la locura de Orlando quedándose en cueros en mitad de su villa, arreando palos a los labradores y matando asnos a cuchilladas. Si de estos episodios tuvo o no noticias Cervantes, lo desconocemos; y si las tuvo, pues ya sabemos que tomó de la realidad la locura de su don Quijote.

Twitter, Facebook e Instagram tienen ahora enemigos declarados de la misma manera que antes los tenían los libros y la imprenta. Es lógico. Toda novedad puede tener sus fallos hasta que aprendes a manejarla. Las redes y su vertiginosa circulación de información, porque todo ocurre a toda leche, se nos han echado encima de golpe y ha habido que aprender a manejarlas, a intentar sacarles un buen partido y no explotar su lado más malvado. Pues lo mismo ocurrió con la imprenta, que empezó a escupir libros en aquel siglo XVI. Fue una explosión de información, de conocimiento, de diversión... Y hubo que aprender a manejar tanta información.

Si don Quijote hubiera tenido Twitter, la Brigada de Investigación Tecnológica de la Policía le habría cerrado la cuenta antes de llegar a los cien seguidores porque seguro que habría sido un incendiario.

Los libros de caballerías no solo se leían en casa o durante el hospedaje en mesones y ventas, también en el camino, durante los viajes. Un cura de la época se quejaba de que el libro con la palabra de Dios, la Biblia, apenas lo leía nadie y eso que era pequeño y fácil de manejar, mientras que los libros de caballerías, que pesaban un quintal, se leían hasta andando. Y eso le fastidiaba mucho a la Iglesia. Hubo una explosión de libros de caballerías en muy poco tiempo porque por fin se podía leer algo que no fuera la Biblia. Es muy fácil de entender: los únicos libros que había eran religiosos, de leyes, tratados, vidas de santos... un peñazo insoportable y que solo servía a los curas y a los que estudiaban, que eran los que tenían acceso a ellos. Los libros no circulaban con soltura antes de la implantación de la imprenta porque había que copiarlos a mano y solo los disfrutaban quienes tenían un más que aceptable poder adquisitivo. La plebe al único libro al que podía acceder era la Biblia y se lo tenían que leer otros. Cuando ya te lo habían leído tropecientas veces, te querías cortar las venas. Pero en eso llegó la imprenta, y con la imprenta, la diversión, porque empezaron a proliferar los libros de caballerías.

Eruditos y autoridades eclesiásticas y civiles intentaron prohibir la publicación y lectura de los mil cien libros de bellaquerías, que así los llamaban, que circulaban por España. Decían que eran dañinos para el alma, despertadores de torpeza, de pecado y de ofensa a Dios. Nadie pudo con ellos salvo la propia decadencia de las historias. Cuando Cervantes dio el golpe de gracia por mano de su héroe, los libros de caballerías ya agonizaban. Don Quijote solo puso el punto y final. Y no pudo haber otro mejor.

El cura y el barbero expurgan la biblioteca de su amigo Alonso Quijano, mientras el ama y la sobrina del hidalgo arrojan los libros de caballerías al patio para quemarlos.

Higiene y medicina

Nada lavado, mejor limpieza en seco

En la época de don Miguel la medicina estaba de aquella manera. No era para tirar cohetes, sobre todo porque a los médicos les dio por decir que lavarse no era bueno. Y, claro, los organismos humanos no daban abasto a crear tanta defensa contra tantos gérmenes. Encima, si te lavabas mucho, te señalaban como musulmán. Había que ser un guarro casi por obligación.

A los médicos no les gustaba el agua por aquellos siglos XVI y XVII, porque estaba de moda lo que se llamaba «hipocratismo galenizado». Vaya dos palabros. Era una forma de unir las teorías de los médicos clásicos Hipócrates y Galeno, que los teóricos mezclaron con elementos medio religiosos, medio mágicos. Con semejante base científica, si veías un médico, lo mejor era salir corriendo en dirección contraria. Pero era lo que había. España aún no había salido del concepto medieval de la medicina.

Hubo que adentrarse mucho en el siglo XVII para ver la llegada de otros remedios procedentes de la observación y del estudio de la anatomía. Porque lo de abrir un cadáver para poder estudiarlo no se podía hacer en cualquier parte ni de cualquier manera. Había que tener permiso del papa, y fue precisamente la escuela de cirugía de Valencia la primera de España en obtener permiso papal para hacer disecciones.

Y hasta que llegaron mejores remedios, ¿qué pasaba cuando alguien caía enfermo? ¿Cómo le iba al que se ponía malo en la época de Cervantes?

Lo más recomendable era cruzar los dedos para que solo fuera un dolor de cabeza. La teoría del hipocratismo galenizado decía que pillabas las enfermedades porque se te había desequilibrado uno o varios de los cuatro principales humores del organismo. Los humores son los líquidos que tenemos en el cuerpo antes de las cañas, los que traemos de serie: la sangre, la flema, la bilis amarilla y la bilis negra. Si estos humores andaban equilibrados, la persona se mantenía sana y mostraba un comportamiento normal; pero si había exceso o defecto de alguno, ahí aparecía la enfermedad. A los que se les descompensaba la sangre en exceso, se les consideraba sanguíneos, emocionales; es decir, lo contrario de cuando decimos eso de «tiene horchata en las venas». Los que tenían mucha flema eran flemáticos, o sea, inalterables. Los que sufrían descompensación de la bilis amarilla eran coléricos y, por último, los que tenían exceso de bilis negra eran melancólicos, tristes... los propensos a pillar una depre.

La causa de que un humor se desequilibrara siempre era externa y por lo general le echaban la culpa a la dieta. Por ejemplo, el queso se consideraba un alimento poco saludable y especialmente dañino para los mustios, porque podía provocar que se te disparara la bilis negra. Además del ya citado refrán «ni comas mucho queso, ni de mozo esperes seso», había otros dichos similares, siempre zurrándole a este producto lácteo. Por ejemplo: «Mucho pan y poco queso es de hombre de seso».

Los médicos desaconsejaban las comidas calientes y las húmedas. Las frutas jugosas, fuera. Y nada de comer cosas con muchas especias porque daban sed y beber mucha agua estaba totalmente desaconsejado. El agua era mala por dentro y por fuera. Por supuesto, los médicos recomendaban a sus pacientes que no se bañaran, mucho menos en agua calentita, porque los poros se dilataban y entraban los «miasmas» o aires malsanos en el organismo que desequilibraban los humores. Cuanto menos te lavaras, según ellos, menos posibilidades de enfermar.

Visto lo visto, surgen las preguntas obvias. ¿Pero entonces cómo se limpiaban? ¿Se lavaban en seco, como en el tinte? Más o menos.

La cara y las manos sí se las mojaban, pero el resto del cuerpo se limpiaba pasándose un trapo, quitándose la roña como podían. Eso sí, la apariencia solía ser buena, porque se lavaban poco, pero disimulaban bien. Se perfumaban para ocultar los malos olores y también había complementos de moda que venían con un perfume especial que duraba mucho. Guantes perfumados, por ejemplo. También tenían cuidado de llevar los cuellos y los puños de las camisas blancos, porque eso daba sensación de limpieza.

Pero la verdad es la verdad: no se lavaban. La boca y las manos se las cuidaban como podían. Los dientes se limpiaban hurgando con palillos y enjuagando con agua de azahar porque no había cepillos. Y las uñas había que cuidarlas también: cuando a Sancho le hacen gobernador de la ínsula Barataria, don Quijote le dice: «Lo primero que te encargo es que seas limpio y que te cortes las uñas, sin dejarlas crecer como algunos hacen, a quien su ignorancia les ha dado a entender que las uñas largas les hermosean las manos como si aquel excremento o añadidura que se dejan de cortar fuese uña, siendo antes garras de cernícalo lagartijero». Podríamos añadir eso de «le dijo la sartén al cazo», porque no es que don Quijote fuera un dechado de higiene. Así como Sancho y él no pisan una iglesia en todo el libro, tampoco se les ve tomar un baño. Salvo cuando se caen al Ebro y cuando a don Quijote le echan un caldero de agua fría para que parase, porque estaba como las locas acuchillando pellejos de vino creyendo que eran gigantes.

En realidad, Cervantes traslada a su magna obra todos los usos y costumbres de su época, de ahí que también aparezca la medicina tradicional. Un ejemplo: cuando el vizcaíno casi le arrancó la oreja de un espadazo a don Quijote, un cabrero le curó con algunas hojas de romero, que masticó, las mezcló con un poco de sal y, «aplicándoselas a la oreja, se las vendó muy bien, asegurándole que no había menester otra medicina». Todos estos remedios los conocía bien Cervantes, porque era lo que se usaba en el mundo rural.

Braguetas y otros complementos de entonces

Comedoras de barro, marcadores de paquete

Hablar de trapitos, o sea de la moda de cualquier siglo, es abordar un tema la mar de extenso, así que mejor centrarnos en un par de asuntos relativos a cosas que se llevaban, en concreto algunos complementos como braguetas y gafas y un detalle relativo a la coquetería y a la cosmética, como era la moda que se impuso de comer barro. Repito: comer barro, arcilla.

Para situar la época, no perdamos de vista que Cervantes nació durante el imperio de Carlos V, vivió todo el reinado de Felipe II y conoció prácticamente completo el de Felipe III. Teniendo en cuenta que cada rey y su corte correspondiente marcaban tendencia, sabemos que don Miguel presenció unas cuantas idas y venidas de la moda. De jovencito fue testigo de la moda *brillantosa* de la corte flamenca que se trajo Carlos V a España, luego vio la de Felipe II, en la que todo era negro y sombrío, y al final comprobó cómo retornaban los brillos y los encajes con Felipe III. Antes, igual que ahora, no convenía tirar nada que ya no se llevara porque en unos años volvería a estar de moda. Cervantes aprendió que no había que tirar calzas, jubones ni gorgueras aunque hubiesen dejado de ser de lo más chic.

De don Miguel solo tenemos una imagen que nos ilustra sobre la moda que gastaba: la famosa pintura en la que va vestido de negro con una gran lechuguilla al cuello. En realidad, se cree que ese es Cervantes, pero no está confirmado. No hay ni un solo retrato de él autentificado, pero todos creemos saber cómo era la cara del manco de Lepanto por ese cuadro que pintó Juan de Jáuregui, que, según se piensa, representa a Cervantes.

La gran lechuguilla que aparece en el retrato del supuesto Cervantes fue tendencia durante el reinado de Felipe III. Pero llegó Felipe IV y en 1623, siete años después de que se muriera el escritor, prohibió el dichoso complemento, porque a este rey le dio por volver a vestir de negro, así que hubo que sacar del armario todo lo que se llevaba dos reinados antes, con Felipe II. Te volvían loca con la moda.

Lo que no sabemos es si Cervantes llegó a usar bragueta, otro complemento importante. Se supone que no, porque lo de la bragueta quedaba para nobles y reyes y no era práctico para el día el día.

No estamos hablando de una bragueta tal y como la entendemos ahora, una simple abertura en el pantalón, sino de las braguetas de antes, que tenían mucha gracia y mucho más relleno que gracia. Quede claro, de entrada, que tan coquetos eran ellos como ellas. Ellas se lucían por arriba, a la altura del escote, y ellos pregonaban sus encantos a la altura de la mitad del cuerpo. Y que nadie diga que no se ha sorprendido viendo pinturas de los siglos XVI y XVII donde se puede observar a los señores con ese pedazo de protuberancia bien marcada entre las piernas y que sobresale del calzón así como para arriba. Esa pieza de la vestimenta se llamaba bragueta y a veces era de otro color distinto a los calzones, para que destacara bien y centrase el foco de atención.

En los retratos de Carlos V, el emperador aparece casi siempre con una gran bragueta que deja ver un gran bulto. En todos los casos era más grande la funda que lo que enfundaba. En realidad, el tamaño era tal que se diría que estuvieran en una erección permanente. Usaban bragueta, por tanto, para pavonearse ante las churris.

Las braguetas empezaron a ponerse de moda en la corte de Carlos V. Inicialmente era una pieza de la armadura, que se usaba como protección del pene y sus dos amigos, y acabó siendo reclamo publicitario, como diciendo: «Mira lo que tengo, chati». Pero ocurre que cuando terminó el Concilio de Trento (Cervantes tenía dieciséis años), el que se convocó para luchar contra la reforma de Lutero, se ordenó recato en el vestir, nada de adornos y joyas, y mucho menos nada de ir por ahí haciendo ostentación de pingurucho. Es decir, a Cervantes le pilló la época negra de Felipe II, cuando la moda de las braguetas empezaba a desaparecer, aunque el hijo del emperador Carlos alcanzó a usarlas, y bien ostentosas, de jovencito, cuando buscaba novia. Luego ya se volvió recatado y oscuro para tener contento al papa de Roma.

Detalle de Felipe II, retratado por Tiziano cuando el todavía príncipe contaba veintitrés años. Lucir una ostentosa bragueta erecta fue tendencia entre reyes y nobles a mediados del siglo XVI. Demasiada funda para lo que enfundaba. La pintura se encuentra en el Museo del Prado (Madrid).

Las gafas fueron otro chocante complemento de aquella época. Pero no ha de sorprendernos demasiado. En los últimos años hemos visto llevar gafas sin cristales o con cristales sin graduar a Johnny Depp, Justin Bieber, Cristiano Ronaldo y un montón de famosos. Pues lo mismo ocurrió durante el Siglo de Oro. Puro postureo. La única diferencia es que entonces se llamaban anteojos, no gafas.

Eso no quiere decir que no hubiese quien llevase anteojos por necesidad. Quevedo necesitaba gafas para leer y escribir, pero estaba tan de moda llevar anteojos que en el más famoso retrato suyo, el que le hizo Velázquez, lleva puestos los «quevedos», que así pasaron a llamarse, gracias a él, estos anteojos.

Las gafas eran un signo de ostentación porque no las podía tener cualquiera. Costaban un riñón y muchos las usaban para dárselas de listos. Es decir, si llevabas anteojos significaba que eras un intelectual; tal y como recogen algunos escritos, demostraban el carácter de los sabios, «pues es una señal de que han debilitado la vista a fuerza de estudiar». Por eso los nobles los llevaban en las visitas y por la calle, pero no puestos sobre la nariz (eran incómodos al no tener patillas), sino atados a la muñeca, para que se vieran. Así que, quede dicho, la novedad del Siglo de Oro en lo que a complementos se refiere fueron los anteojos.

Respecto a la ingesta de barro... ¿cómo se hacía eso?, ¿pegándole un bocado a un jarrón? Pues sí, justo así.

Este asunto tiene su aquel. Se relaciona con la obsesión de las mujeres del Siglo de Oro por tener la tez blanca, muy blanca, y creían que eso se conseguía ingiriendo arcilla, lo que se conocía vulgarmente como «comer barro». A las mujeres que comían barro, sobre todo las jovencitas, se las conocía como las «opiladas» porque comer barro generaba un trastorno llamado opilación. Entre otros muchos desastres para el organismo, la opilación se caracterizaba por provocar anemia y una extrema palidez al afectar directamente al hígado. Era una moda muy extravagante tan extendida durante el Siglo de Oro que quedó plasmada en obras de arte, en romances, en teatro... Un verso de finales del XVI decía: «Niña del color quebrado, o tienes amores o comes barro».

Pero ilustremos más y mejor este asunto tan estrafalario. Visualicemos *Las meninas* de Velázquez. El que no la tenga en la cabeza que busque en San Google. Fijémonos en la infanta Margarita, que es la rubita que está mirando de frente al espectador, en el centro de la pintura, y que casualmente es la más paliducha. A la izquierda hay una menina que le está ofreciendo una bandeja y, encima de la bandeja, ¿qué hay? Un búcaro, una vasija pequeñita de barro de color rojo. Algunos creen que la vasijita contiene agua, pero no, porque es mínima, no daría ni para un chupito. Es para que se la coma la menina, porque era la moda.

Tan extendida estaba esta moda tan estúpida que una de las comedias más famosas de Lope de Vega está centrada en esto de comer barro. La obra se llama *El acero de Madrid*. Y es que los médicos de la corte aconsejaban a las opiladas, a las enfermas por comer barro, que tomaran polvos de hierro o que fueran a beber aguas ferruginosas a la fuente del Acero, que estaba cerca del río Manzanares. Eso se llamaba «ir a tomar el acero» con el que se supone que se curaban las opiladas. Pero también había muchas falsas opiladas que se hacían las enfermas para ir hasta la fuente a tomar el acero, bien porque era la excusa para salir y ligar en el camino, bien porque habían quedado con alguno. Por eso lo de tomar el acero acabó teniendo con un doble sentido. Porque el acero se refería, por su dureza, a lo que comentábamos antes. A lo que enfundaba la bragueta. Hay que ver...

Una menina le ofrece a la infanta Margarita un pequeño búcaro de barro (de color rojo en el cuadro). ¿Para qué… si ahí no entra ni un trago de agua? Para que se lo comiera. Comer barro estaba de moda para conseguir una extrema palidez.

Iglesia o mar o Casa Real

Fraile, comerciante o funcionario

La bolsa de trabajo por aquellos siglos cervantinos no estaba para tirar cohetes ni había muchas salidas profesionales para elegir. Baste resumirlo con un refrán de la época al que ya se ha hecho referencia a propósito del bachiller Sansón Carrasco: «Iglesia o mar o Casa Real», es decir, o te metías a cura, o a comerciante o a funcionario. Fuera de ahí, ruina. El refrán se explica perfectamente en el capítulo 39 del primer libro de *El Quijote*. Y lo hace un personaje que está contando cómo quiere dejar colocados a sus tres hijos: «Querría que, después que cada uno tuviese en su poder la parte que le toca de su hacienda, siguiese uno de los caminos que le diré. Quien quisiere valer y ser rico siga a la Iglesia o navegue, ejercitando el arte de la mercancía, o entre a servir a los reyes en sus casas; porque dicen: "Más vale migaja de rey que merced de señor". Digo esto porque querría y es mi voluntad que uno de vosotros siguiese las letras, el otro la mercancía y el otro sirviese al rey en la guerra, pues es dificultoso entrar a servirle en su casa». Blanco y en botella.

Lo más fácil era entrar en la Iglesia porque se aceptaba a todo el mundo y ya podías vivir holgadamente de las rentas por los siglos de los siglos. Incluso podías prosperar mucho si te dedicabas a medrar para no quedarte en simple fraile. Si Felipe II dejó un país al servicio de la Iglesia, qué vamos a contar de cuando llegó su hijo, Felipe III, el Piadoso, que empeoró la situación a tal extremo que hasta los eclesiásticos tuvieron que admitir que sobraban curas y monjas en España. La inmensa mayoría entraba en la Iglesia con la excusa de salvar almas, pero en realidad lo hacían porque no faltaba qué comer. Los propios eclesiásticos andaban mosqueados con este asunto (la superpoblación de colegas reducía el reparto), como el cronista de Castilla Gil González Dávila, quien escribió: «Sacerdote soy, pero confieso que somos más de los que son menester». El polifacético Pedro Fernández Navarrete (político, economista, humanista, traductor, poeta y canónigo), en su *Conservación de monarquías y discursos políticos*, no se cortó a la hora de enumerar las pésimas consecuencias que traía la explosión demográfica de curas y monjas y el hecho de que conventos y monasterios afloraran como setas: «Que se tenga la mano en dar licencia para nuevas fundaciones de religiones y monasterios y que se suplique a su santidad se sirva de poner límite en esta parte y en el número de los religiosos, representándole los grandes daños que se siguen de acrecentarse tanto estos conventos y aún algunas religiones, y no es el menor el que a ellas mismas se les sigue, padeciendo con la muchedumbre mayor relajación de lo que fuere justo por resarcirse en ellas muchas personas que más se entran huyendo de la necesidad, y con el gusto y dulzura de la ociosidad, que por la devoción que a ello les mueve».

Ahí están los datos: miraras a donde miraras había monasterios, conventos, frailes y monjas descalzos y calzados. Los reyes fundaban conventos y los dotaban de dinero, y si lo hacían los reyes, los imitaban los nobles. Durante las últimas décadas del 1500 y las primeras del 1600, la cosa pasó de castaño oscuro, porque se contabilizaron 3.000 nuevos conventos y, tal y como recogió el historiador Antonio Domínguez Ortiz, el clero se incrementó en un 75 por ciento. Había casi más pretendidos salvadores de almas que presuntas almas pecadoras cuyo mayor castigo fue sustentar a tanto ocioso.

Los que no permanecían desocupados eran los funcionarios. Para alcanzar un puesto de burócrata tenían que poseer, como poco, el grado bachiller, pero si se pretendía prosperar en sueldo y posición... o sea, ser alto funcionario, había que estudiar letras (leyes) para poder acceder a la magistratura, a los tribunales, a los consejos, al gobierno de la monarquía. El oficio más demandado en el siglo XVI era el de abogado, porque la burocracia del imperio de Felipe II era tal que el que estudiaba leyes salía de la universidad con el trabajo puesto. Qué tiempos aquellos, ¿hay algún abogado leyendo estas páginas? Pues se le estarán saltando las lágrimas por no haber nacido hace cuatrocientos o quinientos años. Cuatro quintas partes de los licenciados en España lo eran en derecho, porque así tenían curro fijo. La Corona necesitaba miles de ellos en los tribunales, los consejos, las audiencias, las chancillerías y los corregimientos del vasto y costoso Imperio español.

Por eso nacieron los colegios de abogados, eran tantos que había que organizarse. Pero el primero no estuvo en Madrid, Valladolid o Sevilla, como cabría imaginar. Al parecer, donde antes se organizaron los picapleitos fue en Zaragoza. El colegio de Madrid fue posterior y acaba de cumplir cuatrocientos veinte años. El 15 de junio de 1596, durante el reinado de Felipe II, nació la rimbombante Congregación de los Abogados de la Corte y Consejos de su Majestad. Les costó que les dejaran organizarse, porque a Felipe II no le hacían ni pizca de gracia las reuniones de profesionales y gremios. Al final consiguieron el beneplácito real utilizando un truco que sabían que le podía tocar la fibra a Felipe II: recurrieron a la religión. Los abogados de Madrid elaboraron unas ordenanzas que habrían de guardarse «para gloria y honra de Nuestro Señor y su Benditísima Madre y del Bienaventurado San Ivo».

El patrón elegido por los abogados fue un fraile del siglo XIII que además fue jurista, y, según cuenta la tradición, ocupado solo en defender a los pobres. «San Ivo era bretón, abogado y no ladrón», según pone en su tumba, en la catedral de Tréguier, en la Bretaña francesa. Los primeros letrados que decidieron adoptar al colega Ivo como patrón fueron, al parecer, los de Zaragoza, porque incluso antes de que existiera el colegio de abogados de esa ciudad, ya funcionaba allí mismo la Cofradía de Letrados del Señor San Ivo.

Con el colegio de abogados de Madrid nació una cosa buena: cada año se nombraban ocho letrados para que fueran los encargados de atender las causas de los pobres vergonzantes. Antes se llamaba turno de pobres, ahora, turno de oficio; antes había que llevar una declaración del cura de la parroquia jurando que el necesitado de abogado era más pobre que una rata y ahora hay que demostrar que uno gana menos de mil euros al mes. Algo hemos avanzado, pero sobre todo el avance se aprecia en el número de letrados en la villa y corte. Empezaron siendo treinta y siete y ya vamos por más de setenta mil. No todos ejercen, evidentemente, aunque hasta los ejercientes son demasiados. Es un oficio tremendamente masificado. Solo en Madrid hay el doble de abogados que en Francia y los mismos que en todo el Reino Unido.

¿Por qué os metéis todos a abogados, criaturas? Si Felipe II ya se ha muerto y el Imperio español se ha ido al garete. Ahora ya no traen cuenta ni la Iglesia, ni el mar ni la Casa Real.

La farsa de unos huesos

«Eso es un encule de la Botella. Un acto de campaña electoral. Esto de los huesos ha sido un invento del PP. Dicen que aquí yacen los huesos... ¡Una mierda yacen! Ahí hay huesos misceláneos (...). Todo esto ha sido un fenómeno de apropiación de una conmemoración lícita para fines espurios».

El párrafo está extraído del diario *El Confidencial* del 23 de junio de 2015, según declaraciones del académico Francisco Rico. No se puede decir más claro.

Gracias a que este gran cervantista no tiene pelos en la lengua y llama a las cosas por su nombre —por algo es filólogo—, queda perfectamente explicado que lo sucedido con la exhumación, investigación y posterior explotación de los inexistentes restos de Miguel de Cervantes fue una gran patochada política que dio lugar a una investigación de conclusiones confusas.

Mucha gente aún sigue preguntándose si han encontrado los huesos de Cervantes, y la respuesta correcta es que ni sí, ni no, ni todo lo contrario.

En realidad, el desenterramiento del presunto Cervantes tenía como objetivo provocar un circo mediático con la exalcaldesa Ana

Botella como principal hacedora para enterrar de una vez por todas aquel mal recuerdo del *relaxing cup of café con leche in Plaza Mayor.* No pudo ser. Al final fue peor el remedio que la enfermedad.

Los calculadores tenían previsto que 2016, año en el que se cumplían cuatrocientos años de la muerte de Miguel de Cervantes, fuera el primero en el que el escritor disfrutara de una tumba relevante y que esa tumba quedara unida para siempre al nombre de la alcaldesa que la hizo posible. Pero 2016 no trajo aparejada esa suerte. Lógico. Es bisiesto. Dicen que los años bisiestos traen puesto el mal fario. Puede ser.

• • •

El *Titanic* se hundió en año bisiesto, y en años bisiestos asesinaron a Mahatma Gandhi, a Martin Luther King y a John Lennon. Bien es cierto que si recopiláramos todas las desgracias sucedidas en años no bisiestos... saldrían muchas más. Pero al margen de supercherías, casualidad o no, en el año bisiesto de 1616 murieron tres gigantes de las letras: William Shakespeare, el Inca Garcilaso y Miguel de Cervantes.

El oficio y el año de la muerte es lo único que tienen en común los tres escritores. Por lo demás, no se parecen en nada. Fallecieron en distintos días —aunque el mundo se empeñe en hacerlos coincidir el 23 de abril—, tuvieron tres maneras muy distintas de morir y disfrutaron de sepulturas absolutamente diferentes: Shakespeare tiene una tumba sencillita a la par que elegante, en lugar digno y muy bien situada; el Inca Garcilaso es el más chulo de los tres, porque tiene dos tumbas (un pedazo de capilla para él solo en Córdoba y un humilde nicho en la iglesia del Triunfo de Cusco, en Perú); y Cervantes es el más desgraciado porque tuvo un nicho pobretón, después lo perdió y ahora tiene un enterramiento de mentira.

El asunto de la errónea fecha del 23 de abril no tiene la más mínima importancia. Solo es eso, una fecha. Día arriba, día abajo... qué más da cuando muriera cada uno de esos tres grandes de la literatura. Pero entonces, si no es importante, ¿por qué se empeñaron en destacarlo como si lo fuera? Aunque el origen del error a la hora de hacer coincidir las muertes de Shakespeare y Cervantes es de sobra conocido, no por ello hay que dejar de recordarlo. Alguien se empeñó en reunirlas en el mismo día, y, tiempo después, otra lumbrera metió también en el ajo al Inca Garcilaso.

Aquel día de 1616 en el que murió Shakespeare en Stratford-upon-Avon (Inglaterra, Reino Unido), su colega Miguel de Cervantes llevaba once días en parada cardiorrespiratoria, porque entre el 23 de abril de 1616 en Inglaterra y el 23 de abril de 1616 en España había una diferencia de once días. Los británicos se regían por el calendario juliano y los españoles por el gregoriano.

Este detallito tan tonto es el que no tuvo en cuenta Victor Hugo cuando escribió la extensa biografía de Shakespeare, publicada en 1864: «Murió el 23 de abril. Tenía ese día cincuenta y dos años justos, pues había nacido el 23 de abril de 1564. Este mismo día, 23 de abril de 1616, murió Cervantes, genio de la misma altura».

A partir de aquí, la cosa se fue liando.

Pretender que los dos autores coincidieron en el día, el mes y el año para soltar su último aliento solo fue un mal cálculo de Victor Hugo que, más de un siglo después, en 1995, tuvo en cuenta la Conferencia General de la Unesco para crear el Día Mundial del Libro y los Derechos de Autor. Fiándose de lo que había dejado escrito el autor francés, se decidió que el 23 de abril sería una buena fecha, sin comprobar que cuando murió Shakespeare, Cervantes llevaba once días enterrado. Y aún falta por añadir un agravante: Cervantes ni siquiera falleció el 23, sino el 22.

Lo que ha dado lugar a creer que Cervantes murió el 23 fue un documento oficial que se llamaba partida de sepelio y que extendía la parroquia a la que pertenecía el muerto en cuestión, y esta partida nada tiene que ver con la fe de defunción (la de Cervantes se perdió). En aquel Madrid de 1616 era un escribano el que certificaba oficial y administrativamente la muerte de un ciudadano, no como ahora, que lo hace un médico. Antes, uno se moría, venía un tipo que sabía escribir pagado por el Ayuntamiento y daba fe de que tal o cual paisano había pasado a mejor vida.

Luego entraba en escena la parroquia que se ocupaba de registrar el entierro y extender la partida de sepelio. En el caso de Cervantes fue la de San Sebastián, en la calle de Atocha, la que asentó en el folio 270 del Libro de Difuntos la partida de sepelio con fecha de 23 de abril, día del entierro, no de la muerte. Además, antes, igual que ahora, se pasaba una noche de velatorio.

Y de la misma manera que este asunto de las fechas carece de relevancia, que existan o no huesos de Cervantes es igualmente secundario. ¿Qué importancia pueden tener la conservación de unos restos famosos o la existencia de una tumba de un personaje célebre? Seguramente ninguna... pero a veces da una pista sobre la «exquisitez» con la que un país trata su cultura y a quienes la hacen posible. Que Inglaterra conserve las tumbas de Shakespeare, Isaac Newton o Francis Bacon, por mencionar solo un trío, es un dato. Que en España se hayan perdido las de Velázquez, Quevedo, Calderón, el Greco, Cervantes, Tirso, Murillo, Lope o Zurbarán... también lo es.

• • •

El viernes 22 de abril de 1616 se acabó Miguel de Cervantes. Una pena haber escrito una obra magistral y largarte de este mundo sin enterarte de que lo has hecho. Colón se murió sin saber que había descubierto un continente y Cervantes se fue sin imaginar que cuatro siglos después íbamos a seguir hablando de él y de sus obras.

No tenemos muchos datos de las instrucciones que dejó porque el original de sus disposiciones testamentarias, las que dictó al escribano Gabriel Martínez, se ha perdido, como también se perdió su fe de defunción. De su última voluntad solo se sabe que ordenó dos misas del alma porque no había dinero para más. En cambio, cuando diez años después se murió su viuda, Catalina, se conoce que la mujer ya había cobrado derechos de autor, porque ella encargó y dejó pagadas para sí misma trescientas misas.

La muerte, en contra de lo que digan algunos textos biográficos, no le «sorprendió» aquel 22 de abril. Lo andaba rondando muy cerquita desde hacía semanas y dándole avisos desde cuatro meses antes; los cuatro meses en los que estuvo escribiendo su última obra, el *Persiles*. Quienes han estudiado en profundidad esta novela destacan cómo se va notando el agravamiento de su enfermedad por los descuidos, los lapsus, los errores no corregidos o mal enmendados...

Tuvo tiempo, pues, de prepararse para «el bien morir», aunque ya hubiera preferido no tenerlo. Él hubiera escogido una muerte rapidita, seguro, porque todo lo que pensaba Cervantes de la muerte lo puso en boca de sus personajes. Don Quijote dijo que lo mejor era la muerte repentina, «porque presto acaba la pena; mas la que se dilata con tormentos, siempre mata sin acabar la vida». Y en el *Persiles* escribió que la muerte «en cualquier traje que venga es espantosa» y que «un miedo dilatado y un temor no vencido fatiga más el alma que una repentina muerte».

O sea, que sí; le dio tiempo a prepararse para bien morir, pero se murió acongojado y sin ganas. Y sobre todo tuvo tiempo de ingeniárselas para que a su mujer le saliera gratis el entierro. Por eso fue y se metió a fraile franciscano. Ahí anduvo listo.

Estaba muy de moda pertenecer a órdenes religiosas por aquel entonces, y en concreto en Madrid raro era el que no estaba inscrito, como así hizo Cervantes, en la Orden Tercera de San

Francisco. Hace cuatro siglos el miedo a la muerte, a los infiernos, mantenía amarrada a la gente a la religión, y por ello muchos entraban a formar parte de las órdenes religiosas. Era una forma de morirse con enchufe en el más allá.

Se podía pertenecer a ellas en distintos niveles y con distintas obligaciones: como hermano no profeso, como hermano profeso o realizando todos los votos para alcanzar la categoría de sacerdote... Cervantes pertenecía a la Orden Tercera como hermano no profeso desde 1613, con la idea de profesar en un futuro, porque, entre otras cosas, tenías derecho a sepultura gratis. El escritor deseaba que ese futuro estuviera muy lejano, porque en cuanto profesara del todo tendría la obligación de vestir siempre el hábito franciscano y vivir muy humildemente.

Lo de vivir con estrecheces no era difícil de cumplir porque estaba sin un duro; pero lo de ir por la vida con el hábito franciscano no le acababa de convencer, por eso dilató todo lo que pudo su ingreso en la Orden Tercera de San Francisco. Finalmente profesó en su misma casa el 2 de abril de 1616, veinte días antes de morir, Sábado Santo para más señas.

Hubo un cronista franciscano que, aunque no estuvo presente, describió cómo fue la toma del hábito por parte de Miguel de Cervantes aquel 2 de abril. Escribió que lo hizo «teniendo una vela de cera blanca en la mano derecha, y la cuerda y el hábito en la izquierda, falta de movimiento por la herida de Lepanto. Cuando le hubieron vestido el hábito, quedó con sotanilla». De esta guisa se supone que hizo una última salida a Esquivias, (Toledo), porque su médico se empeñó en que le vendrían mejor aquellos aires. Pero empeoró, y el 12 o el 13 de abril regresó a su casa de Madrid. Ya no levantó cabeza. Corrigió a duras penas y malamente el *Persiles* y redactó el prólogo, ese cuya última línea dice: «¡Adiós, gracias; adiós, donaires; adiós, regocijados amigos; que yo me voy muriendo, y deseando veros presto contentos en la otra vida!».

Recibió la extremaunción el día 18, el 19 escribió la dedicatoria al conde de Lemos porque iba a necesitar los cuartos que pudiera darle este noble, si no ya para él, sí para su mujer; aguantó vivo tres días más, y el 22 de abril Cervantes murió con el hábito franciscano puesto.

Aquella noche previa al entierro pasaron por su velatorio familia, vecinos, escritores, poetas... De haber estado en Madrid, su vecino Quevedo habría ido, seguro, pero andaba por Cartagena. Lope de Vega sí asistió, pero dicen las malas lenguas que seguramente solo para asegurarse de que estaba bien muerto. Al día siguiente, el cortejo tomó camino del convento de las Trinitarias, en la manzana de al lado. Fue un amigo suyo y su confesor, Francisco Martínez, el que negoció con ellas la sepultura por ser capellán en este convento y atendiendo los deseos de Miguel de Cervantes de querer acabar allí. El sábado 23 de abril, un día raso, de sol espléndido, mientras enterraban a Cervantes, los madrileños estaban paseando a la Virgen de Atocha en rogativa para luchar contra la pertinaz sequía.

No llovió, por cierto.

El epitafio que le dedicó el escritor Francisco de Urbina ponía punto final a la presencia de don Miguel en este mundo:

Caminante, el peregrino
Cervantes aquí se encierra;
su cuerpo cubre la tierra,
no su nombre, que es divino.
En fin, hizo su camino;
pero su fama no es muerta,
ni sus obras, prenda cierta
de que pudo, a la partida,
desde esta a la eterna vida,
ir, la cara descubierta.

Una vez inhumado Cervantes en la cripta de las trinitarias, podría decirse que, colorín colorado, este cuento se ha acabado, porque a ciencia cierta no se sabe nada más. No hay datos de dónde lo ubicaron, no se documentó el lugar exacto de la sepultura, no hubo lápida ni señal alguna. Las religiosas le dieron el trato que se daba a cualquier mortal que no llegara con dinero por delante. Era uno de los escritores más famosos del momento, sí, pero eso no sumaba puntos, por eso permitieron que el tiempo cubriera a Miguel de Cervantes con el velo del anonimato.

Lo trataron como trataban a todos los muertos que no fueran de alto *standing*. Pese a que la Iglesia vendía tumbas a perpetuidad, en cuanto aumentaba la demanda y te dabas la vuelta sacaban tus huesos y revendían la sepultura. El convento de las Trinitarias, cuando enterraron a Cervantes, era muy pequeño, «un pobre portal» como alguien lo definió en la época. Diez años después, cuando enterraron a la viuda del escritor, el convento ya estaba metido en obras y las monjas solo andaban preocupadas por conseguir dinero para poder comprar los inmuebles de alrededor y ampliar sus instalaciones.

Al parecer, el único difunto que salió de allí fue el marido de la fundadora, Francisca Romero, que acabó embroncada con las trinitarias y les retiró el dinero y el apoyo. Producto de aquel enfado sacó a su marido, sepultado en lugar preferente y con una tumba perfectamente identificada pese a no haber escrito *El Quijote*. La del difunto esposo de la fundadora es la única exhumación documentada en el convento de las Trinitarias, lo que no quiere decir que no se realizaran otras ni que algún que otro muerto indefenso saliera de entre los escombros. Este último caso era más habitual de lo que cabría imaginar, y así lo reflejó un autor del siglo XVI que se lamentaba de las obras indiscriminadas en los conventos: «Podrá ser que algún tiempo venga a hacerse algún edificio par de tu sepultura, y que saquen della tierra para hacer una pared, y vendrá tu pobre cuerpo, hecho tierra, a ser después una tapia».

El convento, con Cervantes dentro, llegó a estar abandonado durante un par de años porque las monjas, incómodas entre albañiles y ruidos, se mudaron a otro. Vaya usted a saber lo que pudo pasar allí en ese tiempo, con el convento en obras y patas arriba. Cuando a finales del siglo XVII, ochenta años después del entierro de Cervantes, se inauguró el nuevo monasterio, aquello ya no era ni la sombra de lo que fue. Lo que comenzó como «un pobre portal» ahora figuraba en el Registro de la Propiedad como un convento compuesto por «once sitios» (inmuebles). ¿Dónde había quedado Cervantes?

Se acordaron de santa Bárbara cuando tronó, casi a finales del siglo XIX, cuando el Ayuntamiento de Madrid quiso expropiar el convento para hacer un mercado. Ahí fue cuando las monjas hicieron notar a las autoridades municipales que tenían un escritor famoso entre sus muros. Por ahí abajo, en alguna parte, debía de seguir Cervantes en 1868, doscientos cincuenta y dos años después de que lo hubieran enterrado no sabían dónde.

La presencia de Miguel de Cervantes, sospechamos, fue utilizada en defensa del monasterio con sólidos argumentos:

—Hombre... ¿cómo vais a expropiarnos para derribar el convento y poner aquí una charcutería, si tenemos enterrado a Cervantes?

—¡Ah! ¡Cervantes! ¿Y cómo no lo habéis dicho antes?

—Se nos habrá pasado...

—¿Y dónde está?

—No sabemos... pero está.

Las monjas salvaron su monasterio a costa del escritor en aquella ocasión, y don Miguel continuó sacándoles las castañas del fuego a las religiosas en los siguientes años por boca de los académicos, políticos e intelectuales que no dejaron de pelear para salvar el convento. Como en 1921, cuando el filólogo e historiador Ramón Menéndez Pidal elevó su petición al Gobierno desde la Real Academia de la Historia (sumándose a la ya realizada por la Real Academia Española) para declarar monumento nacional la iglesia del convento y el convento en sí. Lo hizo porque, «conservando el monasterio, se conservan también los restos del autor de *El Quijote*». Menéndez Pidal dejó claro en su escrito el nulo valor artístico del edificio («se trata de un sencillo ejemplar, sin variante notable, del tipo seudoclásico...») y argumentó su defensa diciendo que «la razón única, primordial, para que la iglesia sea conservada evitando su demolición (...) es que toda ella, como acertó felizmente a decir el marqués de Molins, es la tumba de Miguel de Cervantes». Las peticiones fueron atendidas y en aquel año de 1921 las trinitarias volvieron a respirar tranquilas al ver declarado su «sencillo ejemplar», un convento sin el más mínimo interés histórico, artístico o cultural, todo un señor Monumento Nacional. La excusa, por segunda vez, la brindó Miguel de Cervantes.

Pero aún faltaba un susto. Y lo dio la Segunda República.

Resultó que las trinitarias no estaban atendiendo sus obligaciones fiscales, y ante la enorme deuda que mantenían con el municipio y el Estado se planteó sacar a subasta el convento para saldar la deuda y evitar, así, que siguiera engordando. Que fuera un convento declarado una década antes Monumento Nacional no impidió tomar la decisión, puesto que bastaba echar un vistazo para comprobar que, por mucho monumento que fuera, si aquello se demolía no se perdería nada.

Apareció un postor dispuesto a comprar el monasterio, derruirlo y allanar aquel magnífico solar sobre el que después edificaría una rentable manzana de viviendas. Pero el constructor se encontró enfrente nada menos que al jefe del Estado, a Niceto Alcalá-Zamora, republicano hasta las trancas, pero también católico hasta la médula. El presidente de la República, siempre dispuesto a enfrentarse a todos los que apostaban por un laicismo militante, fue un entusiasta lector de *El Quijote* y un enamorado de su autor. Cuando, según recoge Manuel Molina en *La obra literaria de Niceto Alcalá-Zamora*, en el otoño de 1932 recibió una petición de la Real Academia Española para que evitara la subasta del convento, el político no dudó en hacer suya la causa. No entendía que se fuera a subastar un convento feúcho y deudor; la realidad era que se estaban vendiendo las cenizas de Cervantes.

El borrón sobre el mármol solucionó el error de las trinitarias al indicar que en su convento también estaba enterrada doña Isabel de Cervantes, hija extramatrimonial del escritor. Solo era afán por salvar el convento de la venta o el derribo, intentando demostrar la presencia de varios personajes célebres allí enterrados. Todos perdidos, por supuesto.

Pidió durante un Consejo de Gobierno que se evitara la venta, pero los ministros se llamaron a andanas, evitaron pronunciarse y dejaron que el asunto corriera con argumentos evasivos. Ni siquiera logró tocarle la fibra a su archienemigo y presidente del Gobierno Manuel Azaña cuando le recordó su paisanaje con Miguel de Cervantes. Aunque en distintos siglos, Alcalá de Henares los había visto nacer a los dos. A Manuel Azaña, sin embargo, no se le movió una pestaña, ni mucho menos movió un dedo por salvar el convento de las monjas morosas.

La ayuda le llegó a Niceto Alcalá-Zamora de quien, como él mismo contó en sus *Memorias*, «menos podía esperarse el auxilio»; del ministro de Hacienda Jaume Carner, ateo, materialista, «en ningún modo devoto», hombre de negocios... el único miembro del Gobierno que tenía como lengua materna el catalán y que, sin embargo, para Alcalá-Zamora defendió el castellano como nadie al salvaguardar la tumba de Cervantes. Como ministro de Hacienda, le dijo al presidente de la República, no consentiría la subasta pese a considerarse más laico que nadie.

Así fue como, por tercera vez, el convento que se olvidó de Cervantes, que descuidó su tumba y que perdió sus huesos volvió a salvarse gracias a él.

Después de tanto salvamento *in extremis*, el único esfuerzo de las trinitarias fue instalar una lápida junto al altar, en el lado del Evangelio, en la que se grabó la siguiente inscripción: «En este monasterio yacen Miguel de Cervantes Saavedra, doña Catalina de Salazar, su esposa, doña Isabel de Saavedra, hija de Cervantes, y sor Marcela de San Félix, hija de Lope de Vega». Pero fue una nueva metedura de pata. En su afán por demostrar que allí tenían mucho ilustre enterrado, en el convento se inventaron difuntos de más e incluyeron a la hija de Cervantes, que nunca estuvo allí sepultada. La lápida luce ahora un aparatoso borrón sobre el mármol con el que se eliminó el nombre de doña Isabel.

No hace falta insistir en que las otras dos damas, doña Catalina y sor Marcela, están tan perdidas como don Miguel.

• • •

2016 se echaba encima, y con este año bisiesto llegaba también el cuarto centenario de la muerte de Miguel de Cervantes. El Ayuntamiento de Madrid miraba envidioso hacia Inglaterra, que llevaba más de dos años preparando política y culturalmente las celebraciones por el aniversario de la muerte de William Shakespeare con su tumba como epicentro. Era una envidia insana, porque el interés no estaba tanto en ensalzar la figura del escritor como en buscar la rentabilidad política para unos y el beneficio económico para otros; esos eran los fines espurios a los que se refería Francisco Rico.

Fue entonces cuando el Ayuntamiento de Madrid se decidió a financiar con ciento y pico mil euros la búsqueda de los restos de Cervantes y propagó sin pudor sus esperanzas de encontrarlos para ubicarlos en una turística tumba que, en un futuro, llegara a generar los mismos ingresos que conseguía Stratford-upon-Avon con la sepultura de Shakespeare. Olvidaban, sin embargo, que la tumba del bardo lleva cuatro siglos en su sitio y desde hace dos recibiendo visitas. Estas cosas no se hacen de la noche a la mañana.

La esperanza estaba en que si Cervantes dejara ver, aunque solo fuera uno de sus metacarpos, la alcaldesa Ana Botella abandonaría la presidencia de Madrid entre vítores que harían olvidar su grisácea gestión.

Las excavaciones, la vistosa búsqueda con georradar, las idas y venidas de distintos especialistas, las declaraciones de todo el que pasaba por allí, la constante atención mediática, los animadores políticos... entre unos y otros fueron calentando un ambiente a lo largo de 2014 y principios de 2015, hasta llegar a la traca final que anunciaría que Cervantes había vuelto a la superficie. Algunos medios de comunicación creían contar con informaciones de primera mano y ofrecían supuestas exclusivas sobre el avance de las investigaciones: «El hallazgo de Cervantes, cada vez más cerca», «Cervantes, a punto de aparecer», «Hallado un féretro con las iniciales M. C.» fueron algunos de los titulares que iban haciendo creer que los huesos del escritor estaban a un tris de ser identificados. Nadie se ocupó luego de aclarar con el mismo bombo que aquel féretro con las iniciales M. C. nada tenía que ver con Miguel de Cervantes y que en realidad albergaba los restos de un niño fallecido en el siglo XIX.

Pero es que Cervantes, estuviera o no, tenía que aparecer como fuera antes de 2016, aunque hubiera que sacarlo de la chistera de un mago. Y apareció. Y se comunicó al mundo durante una burlesca rueda de prensa abarrotada de palmeros municipales que irrumpieron en aplausos cuando el jefe de la investigación antropológica y forense, Francisco Etxeberría, mostrando la imagen de un batiburrillo de huesos de al menos dieciséis difuntos, dijo que había probabilidades de que en mitad de todo ese amasijo hubiera algo de Cervantes.

En descargo del equipo investigador, que no hizo mucho por frenar aquella mascarada, sirva decir que sus intereses antropológicos e históricos no estaban tanto en los huesos de Cervantes como en las posibilidades que ofrecía aquella cripta para continuar investigando otros restos y la mortalidad infantil de los siglos XVII y XVII. Que les permitieran seguir investigando, como de hecho ocurrió, dependía de su discreción. Quizás por ello tuvieron que prestarse a un juego ambiguo sobre si Cervantes estaba o no estaba. En otras palabras: no se atrevieron a decir claramente que no había ni un solo hueso identificado de Cervantes. Si lo manifestaban así de claro, a la porra los titulares... a la porra las fotos de Ana Botella... a la porra el negocio que veían venir las trinitarias... y a los investigadores, quién sabe si les impedirían continuar con sus pesquisas en la cripta.

A la opinión pública se le enseñó una amalgama de huesos bajo la nomenclatura «Reducción 4.2/32» en donde se supone que hay restos, al menos, de seis varones, cinco mujeres y seis niños que fueron reducidos (reunidos y revueltos unos con otros) en el XVIII, más de un siglo después de la muerte del escritor. Entre esos restos podría estar, quién sabe, Miguel de Cervantes Saavedra.

El texto redactado por el equipo investigador que se facilitó a la prensa describía esa reducción en la que podría haber «algo» de Cervantes, con estas palabras:

> De todo el conjunto recuperado, mostramos una mayor atención al referenciado como «Reducción 4.2/32» en el suelo de la cripta. Según las fuentes documentales consultadas, los restos mortales de Miguel de Cervantes y las otras personas enterradas en la iglesia primitiva del convento fueron trasladados a la bóveda o cripta de la iglesia nueva en una fecha no posterior a 1730. Desde que se efectuaron los enterramientos en la iglesia primitiva habría transcurrido cerca de un siglo, tiempo suficiente para que los cuerpos se encontraran completamente esqueletizados y, por tanto, cabe suponer que fueron enterrados en la cripta formando un osario o reducción.
>
> En efecto, en la esquina sureste de la cripta y a una cota de 135 centímetros bajo el enlosado, se documentó la presencia de una reducción de huesos que podría ser compatible con el osario trasladado de la iglesia primitiva a la bóveda de la nueva según las fuentes documentales. La reducción de huesos se encuentra apoyada directamente sobre el estrato geológico, esto es, sobre el suelo natural (arenisca miocénica tipo arcosa) y a una cota inferior a cualquier otro enterramiento de los que fueron practicados en la cripta. Junto a ella, pero unos centímetros por encima, se sitúa un ataúd del tercer nivel de enterramientos, el n.º 2 del sector 4.2, que alberga los restos de un capellán cuyas vestimentas se pueden datar en el siglo XVII. En definitiva, estaríamos en la zona donde, posiblemente, se produjeron los primeros enterramientos de la cripta.

Posiblemente, cabe suponer, podría ser... en eso se basaba toda la conclusión. Y en las fuentes documentales, claro. Es decir, después de un año y 124.000 euros se confirmó en mitad de una circense rueda de prensa lo mismo que ya se sabía: que

Cervantes fue enterrado en aquel convento y que por allí debía de seguir.

La presencia de un maxilar y una mandíbula con pérdidas *ante mortem* en mitad de aquella «Reducción 4.2/32» dio la excusa para, meses antes de dar a conocer el informe definitivo, animar a los periodistas con declaraciones del tipo: «Tenemos unas mandíbulas que pueden ser de Cervantes», si bien en el posterior informe que se distribuyó a la prensa el día de la rueda informativa de marras se desinflaba toda emoción:

> Por otro lado, teniendo en cuenta el mal estado de conservación de la muestra, no se han encontrado lesiones traumáticas compatibles como las habría podido presentar Miguel de Cervantes en vida. Por lo que la asociación de alguno de estos restos óseos con la identidad del escritor no ha sido posible al no existir elementos individualizantes de tipo morfológico claros.

Al día siguiente, algunos titulares eran de lo más chistosos: «Cervantes, identificado sin análisis de ADN», «Son los restos de Cervantes... casi seguro», «¿Son los restos de Cervantes? Es posible», «Cervantes está, pero no lo han encontrado»...

La guasa no era para menos, porque solo habían pasado unos meses desde que se indicó, muy solemnemente, que para dar por bueno cualquier hallazgo tenían que producirse una serie de coincidencias: que los restos pertenecieran a un varón de alrededor de setenta años cuyo esternón presentara impactos de metralla y/o marcas de atrofia ósea en el brazo izquierdo.

Pero el año 2016 se venía encima; las ansias crecían, las esperanzas menguaban... y hubo que rebajar las expectativas para no decir claramente que, de lo dicho, nada de nada. Al final aceptaron seguir adelante con el teatrillo con solo unos cuantos fragmentos óseos de al menos dieciséis individuos y transmitieron de la forma

más ambigua posil
de esa mezcla «de h

El circo terminó
acompañada de milita
acto más propio del sig
ración de una farsa: la q
Cervantes y que en realida
«al menos», dieciséis indivi
de que estuviera el escritor.

De locos.

Tanta urgencia había por o … y salir en la foto que al Ayuntamiento de … como a Cervantes cuando entregó su primera parte … *Quijote*: que el impresor le metió tantas prisas que el primer libro salió plagadito de erratas. Y ha resultado que los yerros persiguen a Cervantes hasta en su presunta tumba. En la lápida que supuestamente guarda a él y a sus colegas difuntos de los que no consigue desembarazarse, bajo un contundente «Yace aquí Miguel de Cervantes Saavedra», se reproduce un pequeño texto extraído de la dedicatoria de *Los trabajos de Persiles y Sigismunda.* Lo malo es que sobre la piedra quedó grabado «Segismunda», un error muy extendido y sin mayor trascendencia si no fuera porque la placa está dedicada (y pagada) por la Real Academia Española y queda especialmente feo que una institución con semejante prestigio cultural aparezca firmando algo con errata.

La RAE había enviado el texto correctamente escrito y se molestó porque alguien decidiera enmendarle la plana, por lo que exigió al Ayuntamiento que rectificara la lápida. Pero ya era tarde. Ya no importaba. No había prisa. La foto estaba hecha; la tumba-farsa, inaugurada; ya nadie volvería a hacer caso de esos huesos «misceláneos», como bien los definió Francisco Rico.

• • •

El texto alternativo a la actual lápida podría ser: «Yace aquí (o no) Miguel de Cervantes con otros, al menos dieciséis individuos de todo tipo, edad y condición». De paso, se podría sustituir ese «Segismunda» por «Sigismunda» para impedir que las erratas siguieran persiguiendo al escritor hasta en la tumba. Si es que está.

Y ahí acabó todo.

Aquella inversión de 124.000 euros en la búsqueda de unos huesos que no aparecieron dejó sin presupuesto lo verdaderamente importante: el homenaje civil a Miguel de Cervantes. Además, el Ayuntamiento de Madrid también comprometió 20.000 euros anuales de dinero municipal para que las monjas trinitarias pudieran hacer frente a las «molestias» que, seguro, acarrearían los miles y miles de turistas poco informados que se acercarían hasta el convento para ver una tumba que no es de Cervantes y una lápida con errata. Evidentemente, el nuevo consistorio que salió de las urnas tras las municipales de 2015 anuló la propina municipal, entre otras razones porque las religiosas trinitarias ya habían empezado a cobrar por su cuenta dos euros de donativo por enseñar determinados días la tramposa tumba de Cervantes.

Puede que el escritor esté tras esa lápida con errata. O quizás siga perdido en el subsuelo del convento. Quién sabe si su pobre cuerpo, hecho tierra, vino «a ser después una tapia». Sea como fuere, no nos han contado nada que no supiéramos: Cervantes nunca salió del convento de las trinitarias.

Así las cosas, no hay mejor cierre para este asunto que el grandilocuente epitafio que le dedicó el cervantista Luis Astrana Marín:

> Que todo el monasterio le sirva de tumba. Y tengan sus cenizas, como sus obras, con su nombre, larga y feliz prosperidad. Llórele la Tierra, hónrele la Patria, gócenle los Cielos.

Vale.

Bibliografía

ABC, hemeroteca, 23 de abril de 2013.

ÁLVAREZ JUNCO, José; GOMÁ LANZÓN, Javier; LUCÍA MEGÍAS, José Manuel y REYERO, Carlos, *Miguel de Cervantes: de la vida al mito,* Biblioteca Nacional de España, Madrid, 2016.

ASTRANA MARÍN, Luis, *Vida ejemplar y heroica de Miguel de Cervantes Saavedra*, tomos I-VII, Instituto Editorial Reus, Madrid, 1948-1958.

BAKER, Edward, *La biblioteca de Don Quijote*, Marcial Pons, Madrid, 2015.

BENNASSAR, Bartolomé, *La España del Siglo de Oro*, Crítica, Barcelona, 2001.

BERNIS, Carmen, *El traje y los tipos sociales en El Quijote*, Ediciones El Viso, Madrid, 2001.

Boletín de la Real Academia de la Historia, Informes Oficiales, tomo LXXIX, cuadernos II-IV, agosto-octubre de 1921.

CABRERA DE CÓRDOBA, Luis, *Felipe II, rey de España, al serenísimo príncipe su nieto esclarecido D. Felipe de Austria*, Biblioteca Digital Hispánica, Biblioteca Nacional de España.

—, *Relaciones de las cosas sucedidas en la Corte de España desde 1599 hasta 1614*, Biblioteca Digital Hispánica, Biblioteca Nacional de España.

CALLADO ESTELA, Emilio, «La trayectoria del pensamiento de la orden de predicadores en la Época Moderna», *Studia Philologica Valentina*, vol. 15, 2013, pp. 149-168.

CARNICER DÍEZ, Carlos, «Sobre la situación actual de la abogacía española», *La Ley*, n.º 8.594, sección En Primera Persona, 31 de julio de 2015.

CERVANTES SAAVEDRA, Miguel de, *Don Quijote de La Mancha*, Biblioteca de Plata de los clásicos españoles seleccionada y comentada por Francisco Rico, Círculo de Lectores, Barcelona, 1989.

—, *Poesías sueltas de Miguel de Cervantes*, edición publicada por Rodolfo Schevill y Adolfo Bonilla, Biblioteca Virtual Miguel de Cervantes, Alicante, 2003.

FRAY JOSÉ DE SIGÜENZA, *Fundación del monasterio de El Escorial por Felipe II*, Apostolado de la Prensa, Madrid, 1927.

GARCÍA MARTÍN, Pedro, «De estética barroca: vestido y belleza en la España del Siglo de Oro», *Ludica. Annali di Storia e Civiltà del Gioco*, n.º 10, 2004, pp. 165-178.

GONZÁLEZ DÁVILA, Gil, *Monarquía de España. Historia de la vida y hechos del ínclito monarca, amado y santo D. Felipe Tercero*, Madrid, 1771.

HERAS SANTOS, José Luis, de las, *Justicia penal de los Austrias en Castilla*, Universidad de Salamanca, 1991.

LAFUENTE, Modesto, *Historia general de España. Desde los tiempos primitivos hasta la muerte de Fernando VII*, tomos VII-XII, Montaner y Simón Editores, Barcelona, 1888.

LYNCH, John (dir.), *Monarquía e imperio: el reinado de Carlos V*, Historia de España, tomo 11, El País, Madrid, 2007.

MARTÍNEZ GIL, Fernando, *Muerte y sociedad en la España de los Austrias*, Colección Monografías, Universidad de Castilla-La Mancha, Cuenca, 2000.

MARTÍNEZ MARTÍNEZ, Manuel, *Los forzados de Marina en el siglo XVIII. El caso de los gitanos (1700-1765)*, Universidad de Almería, 2007.

MOLINA GONZÁLEZ, Manuel, *La obra literaria de Niceto Alcalá-Zamora (Memoralismo y literatura en la generación de 1914)*, Diputación de Córdoba, Córdoba, 2015.

MORENO RAMÍREZ DE ARELLANO, Miguel Ángel, «Claves para la fundación de un convento franciscano extramuros de la villa de Nalda», *Revista Berceo*, Instituto de Estudios Riojanos, n.º 120, 1991, pp. 83-102.

OJEDA NIETO, J., «La población de España en el siglo XVII. Tratamiento demográfico de la bula de la Santa Cruzada», *Revista HMiC*, Universidad Autónoma de Barcelona, 2004, pp. 77-113.

PARKER, Geoffrey, *Felipe II. La biografía definitiva*, Planeta, Barcelona, 2010.

PINHEIRO DA VEGA, Bartolomé, *La corte de Felipe III. Pincigraphia o descripción e historia natural y moral de Valladolid*, Colección Viajes de Extranjeros por España y Portugal, selección de J. García Mercadal, tomo II, Aguilar, Madrid, 1959.

PUERTA ESCRIBANO, Ruth, de la, «Reyes, moda y legislación jurídica en la España moderna», *Ars Longa. Cuadernos de Arte*, n.º 9-10, 2000, pp. 65-72.

SÁNCHEZ FERRA, Anselmo J., «El cuento folclórico en Cartagena», *Revista Murciana de Antropología*, nº 17, Murcia, 2010.

SÁNCHEZ GONZÁLEZ, Ramón, *Iglesia y sociedad en la Castilla Moderna: el cabildo catedralicio de la Sede Primada (s. XVII)*, Colección Humanidades, Ediciones de la Universidad de Castilla-La Mancha, Cuenca, 2000.

SUÁREZ FERNÁNDEZ, Luis y ANDRÉS GALLEGO, José, *La crisis de la hegemonía española, siglo XVII*, Ediciones Rialp, Madrid, 1986.

VARELA, Javier, *La muerte del rey. El ceremonial funerario de la monarquía española (1500-1885)*, Turner, Madrid, 1990.

ZAMBRANA MORAL, Patricia, «Rasgos generales de la evolución histórica de la tipología de las penas corporales», *Revista de Estudios Histórico-Jurídicos*, XXVII, 2005, pp. 197-229.

ESTE LIBRO SE TERMINÓ DE IMPRIMIR
EN OCTUBRE DE 2016